Vita contemplativa

Dados Internacionais de Catalogação na Publicação (CIP)
(Câmara Brasileira do Livro, SP, Brasil)

Han, Byung-Chul
 Vita contemplativa : ou sobre a inatividade / Byung-Chul Han ; tradução de Lucas Machado. – Petrópolis, RJ : Vozes, 2023.

 Título original: Vita contemplativa.

 3ª reimpressão, 2024.

 ISBN 978-65-5713-802-1

 1. Contemplação 2. Filosofia 3. Reflexão (Filosofia) I. Título.

23-150403 CDD-100

Índices para catálogo sistemático:
1. Filosofia 100
Tábata Alves da Silva – Bibliotecária – CRB-8/9253

BYUNG-CHUL HAN
Vita contemplativa
Ou sobre a inatividade

Tradução de Lucas Machado
Revisada por Daniel Guilhermino

EDITORA
VOZES

Petrópolis

© by Ullstein Buchverlage GmbH, Berlin. Publicado em 2022 por Ullstein Buchverlage.

Tradução do original em alemão intitulado
Vita contemplativa – Oder von der untätigkeit.

Direitos de publicação em língua portuguesa – Brasil:
2023, Editora Vozes Ltda.
Rua Frei Luís, 100
25689-900 Petrópolis, RJ
www.vozes.com.br
Brasil

Todos os direitos reservados. Nenhuma parte desta obra poderá ser reproduzida ou transmitida por qualquer forma e/ou quaisquer meios (eletrônico ou mecânico, incluindo fotocópia e gravação) ou arquivada em qualquer sistema ou banco de dados sem permissão escrita da editora.

CONSELHO EDITORIAL

Diretor
Volney J. Berkenbrock

Editores
Aline dos Santos Carneiro
Edrian Josué Pasini
Marilac Loraine Oleniki
Welder Lancieri Marchini

Conselheiros
Elói Dionísio Piva
Francisco Morás
Gilberto Gonçalves Garcia
Ludovico Garmus
Teobaldo Heidemann

Secretário executivo
Leonardo A.R.T. dos Santos

PRODUÇÃO EDITORIAL

Aline L.R. de Barros
Marcelo Telles
Mirela de Oliveira
Natália França
Otaviano M. Cunha
Priscilla A.F. Alves
Rafael de Oliveira
Samuel Rezende
Vanessa Luz
Verônica M. Guedes

Diagramação: Sheilandre Desenv. Gráfico
Revisão gráfica: Alessandra Karl
Capa: Editora Vozes

ISBN 978-65-5713-802-1 (Brasil)
ISBN 978-3-550-20213-1 (Alemanha)

Este livro foi composto e impresso pela Editora Vozes Ltda.

Sumário

Considerações sobre a inatividade, 9
Uma marginália a Zhuang Zhou, 53
Da ação ao ser, 57
A absoluta falta de ser, 87
O *pathos* da ação, 107
A sociedade que vem, 153

Tu
tu ensinas
tu ensinas tuas mãos
tu ensinas tuas mãos tu ensinas
tu ensinas tuas mãos
a dormirem
Paul Celan

Somos feitos da matéria dos sonhos; e
nossa curta vida é envolta pelo sono.
William Shakespeare

Desisti antes de ter nascido.
Samuel Beckett

Considerações sobre a inatividade

Cada vez mais nos assemelhamos àquelas pessoas ativas que "rolam tal como pedra, conforme a estupidez da mecânica"[1]. Dado que percebemos a vida apenas em termos de trabalho e desempenho, compreendemos a inatividade como um déficit que deve ser corrigido o mais rápido possível. A existência humana está totalmente absorvida pela atividade. Por isso, é possível explorá-la. Perdemos o sentido da inatividade, a qual não representa uma incapacidade, uma recusa, uma simples ausência de atividade, mas uma capacidade em seu próprio direito. A inatividade tem sua própria lógica, sua própria linguagem,

---

1 NIETZSCHE, F. *Humano, demasiado humano: um livro para espíritos livres*. São Paulo: Companhia de Bolso, 2017, p. 116.

sua própria temporalidade, sua própria arquitetura, seu próprio esplendor, sua própria magia. Ela não é uma fraqueza, uma falta, mas uma *intensidade* que, todavia, não é nem percebida nem reconhecida na nossa sociedade da atividade e do desempenho. Não temos acesso ao reino e à riqueza da inatividade. A inatividade é uma *forma reluzente* da existência humana. Hoje, ela esmaeceu até se tornar uma *forma vazia* de atividade.

Nas relações de produção capitalistas, a inatividade retorna como o *de fora que é incluído*. Nós a chamamos de "tempo livre". Uma vez que o tempo livre serve para se recuperar do trabalho, permanece preso à sua lógica. Como um *derivado do trabalho*, ele é um elemento funcional no interior da produção. Com isso, desaparece o *tempo* de fato *livre*, que não pertence à ordem do trabalho e da produção. Não conhecemos mais aquele repouso sagrado, festivo, que "reúne em si intensidade vital e a contemplação, e que consegue reuni-los mesmo quando a intensidade vital se torna selvageria"[2]. Falta, ao "tempo livre", tanto

---

2 KERÉNYI, K. *Antike Religion*. Munique/Viena, 1971, p. 62.

a intensidade da vida quanto a contemplação. Ele é um tempo que matamos a fim de não deixar nenhum tédio surgir. Não é um *tempo livre, vivo*, mas um *tempo morto*. A vida intensa significa, hoje, sobretudo mais desempenho ou mais consumo. Esquecemos que a inatividade que nada produz representa uma forma reluzente e intensa de vida. À obrigação para o trabalho e para o desempenho deve-se opor uma *política da inatividade* que possa produzir um verdadeiro *tempo livre*.

A inatividade constitui o *Humanum*. O que torna o fazer genuinamente humano é a parcela de inatividade que há nele. Sem um momento de hesitação ou de contenção, o agir se degenera em ação e reação cegas. Sem repouso, surge uma nova barbárie. É o silenciar-se que dá profundidade à fala. Sem o silêncio não há música, mas apenas barulho e ruído. O jogo é a essência da beleza. Onde impera apenas o esquema de estímulo e reação, de carência e satisfação, de problema e solução, de objetivo e ação, a vida se reduz à sobrevivência, à vida animalesca nua. A vida só recebe seu esplendor da inatividade. Se perdemos a capacidade para a inatividade, igualamo-nos a uma máquina que deve apenas *funcionar*. A verdadeira vida começa quando cessa a preocupação com a sobrevivência, com a necessidade da vida crua. O objetivo último dos esforços humanos é a inatividade.

A ação é, de fato, constitutiva para a história, mas não é uma força formadora da cultura. Não a guerra, mas a festa, não as armas, mas as joias, são a origem da cultura. História e cultura não coincidem. Não o caminho direto para a finalidade, mas digressões, excessos e desvios formam a cultura. O núcleo essencial da cultura é o *ornamental*. Ela está situada para além da funcionalidade e da utilidade. Com o ornamental que se emancipa de qualquer finalidade e utilidade, a vida insiste em ser mais que sobrevivência. A vida recebe seu brilho divino daquela *decoração absoluta* que não adorna nada:

> Que o barroco seja decorativo não diz tudo. Ele é *decorazione assoluta* [decoração absoluta], como se essa tivesse se emancipado de todo objetivo, mesmo do teatral, e desenvolvido sua própria lei formal. A

> decoração absoluta já não decora nada, mas não é nada mais que decoração[3].

No sabá toda atividade deve cessar. Não se pode realizar nenhum negócio. A inatividade e a suspensão da economia são essenciais para a festa do sabá. O capitalismo, em contrapartida, faz da própria festa mercadoria. A festa se transforma em eventos e espetáculos. Carecem de repouso contemplativo. Como formas de consumo da festa, eles não estimulam nenhuma comunidade. Em seu ensaio *A sociedade do espetáculo*, Guy Debord caracteriza o presente como um tempo sem festa:

> Essa época, que exibe a si mesma seu tempo como se fosse o retorno precipitado de múltiplas festividades, é também uma época sem festas. O que era, no tempo cíclico, o momento de participação de uma comunidade no dispêndio luxuoso da vida, é impossível para a sociedade sem comunidade e sem luxo[4].

---

3 ADORNO, T.W. *Gesammelte Schriften*. Ed. R. Tiedemann. Vol. VII. Frankfurt, 1970, p. 437s.

4 DEBORD, G. *Die Gesellschaft des Spetakels*. Berlim, 1996, p. 100.

A época sem festa é uma época sem comunidade. Hoje se evoca em todo lugar a *Community*, mas esta é a comunidade em forma de mercadoria. Ela não deixa surgir nenhum *nós*. O consumo desenfreado isola e separa os humanos. Consumidores são solitários. Também a comunicação se mostra como comunicação sem comunidade. Mídias sociais aceleram a desconstrução da comunidade. O capitalismo transforma o próprio tempo em uma mercadoria. Desse modo, ele perde toda festividade. Acerca da comercialização do tempo, Debord observa que "a realidade do tempo foi substituída pela propaganda do tempo"[5].

Junto da comunidade, também o luxo é uma característica constitutiva da festa. Ele suspende a coação econômica. Como vivacidade aumentada, como intensidade, ela é um luxuriar; ou seja, um desviar-se, um esquivar-se da necessidade e da carência da vida crua. O capitalismo, em contrapartida, absolutiza a sobrevivência. Na vida que se reduz à sobrevivência, o luxo desaparece. Mesmo o mais elevado desempenho não basta. Trabalho e

---

[5] Ibid., p. 101.

desempenho pertencem à ordem da sobrevivência. Não há ação na forma do luxo, pois ele se baseia em uma carência. No capitalismo, o próprio luxo é consumido, ele adquire forma de mercadoria e perde a festividade e o brilho.

O luxo é, para Theodor W. Adorno, um retrato sensível da felicidade não falsificada que é aniquilada pela lógica da eficiência. Eficiência e funcionalidade são formas de sobrevivência. O luxo, porém, as neutraliza:

> O trem rápido, que atravessa o continente em dois dias e três noites, é um milagre, mas a viagem nele nada tem do extinto esplendor do *train bleu*. O que constituía o prazer de viajar, começando pelos sinais de despedida através da janela aberta, a atenta solicitude dos que recebiam as gorjetas, o cerimonial da refeição, a sensação constante de gozar de um privilégio que nada tira a ninguém, tudo desapareceu juntamente com a gente elegante que, antes da partida, costumava passear pelos *perrons*, e que agora em vão se busca nos *halls* dos mais distintos hotéis[6].

---

6 ADORNO, T.W. *Minima Moralia*. Lisboa: Edições 70, 2001, p. 110.

A verdadeira felicidade se deve ao que é vão e inútil, ao que é reconhecidamente profuso, improdutivo, desviante, excessivo, superficial, às belas formas e gestos, que não têm nenhuma utilidade e não servem para nada. Passear sossegadamente é, em comparação com o andar, correr ou marchar para algum lugar, um luxo. O *cerimonial da inatividade* significa: *fazemos, mas para nada*. Esse *para-nada*, essa liberdade com respeito a qualquer finalidade ou utilidade, é o núcleo essencial da inatividade. É a fórmula essencial da felicidade.

A inatividade caracteriza o *flaneur* de Walter Benjamin: "A singular indecisão do flâneur. Assim como a espera parece ser o estado próprio do contemplador impassível, a dúvida parece ser o do flâneur. Em uma elegia de Schiller, lê-se: 'A asa indecisa da borboleta'"[7]. Tanto a espera quanto a dúvida são figuras da inatividade. Sem um momento de dúvida, o caminhar humano se iguala ao marchar.

---

[7] BENJAMIN, W. *Passagens*. Belo Horizonte/São Paulo: Editora UFMG/Imprensa Oficial do Estado de São Paulo, 2009, p. 470.

Tal como o voo da borboleta, ele recebe sua graça de um hesitar. A resolução ou a pressa lhe retira toda graciosidade. O *flaneur* faz uso da capacidade de *não agir*. Não persegue nenhuma finalidade. Se entrega sem pensar ao espaço que "pisca" para ele, ao "magnetismo da esquina seguinte, de uma praça distante na neblina, das costas de uma mulher que caminha diante dele"[8].

A festa se opõe ao trabalho na medida em que é livre do *para-algo*, da finalidade e da utilidade aos quais o trabalho está submetido. A liberdade com relação ao para-algo concede festividade e brilho à existência humana. O caminhar, por exemplo, liberto do para-algo, do andar decidido para algum lugar, transforma-se em uma dança: "[...] o que é a dança, senão uma libertação do corpo de seus afazeres, a exibição dos gestos em pura inatividade?"[9] Também as mãos, livres do para-algo, nada *pegam*. Elas *jogam*. Ou elas se formam em *puros gestos* que não *apontam para nada*.

---

8 Ibid., p. 959.

9 AGAMBEN, G. *Nacktheiten*. Frankfurt/M. 2010, p. 185.

O fogo, liberto de afazeres práticos, estimula a fantasia. Ele se torna um meio da inatividade:

> O fogo encerrado na lareira foi certamente o primeiro tema de devaneio para o ser humano, símbolo do repouso, convite ao repouso. [...] Assim, acreditamos que não se entregar ao devaneio diante do fogo é perder o uso verdadeiramente humano e primeiro do fogo. [...] Só recebemos o bem-estar do fogo se apoiamos os cotovelos nos joelhos e a cabeça nas mãos. Essa atitude vem de longe. A criança junto ao fogo a adota naturalmente. Não por acaso, é a atitude do pensador. Determina uma atenção muito particular que nada tem em comum com a atenção da espreita ou da observação. [...] Perto do fogo, é preciso sentar-se; é preciso repousar sem dormir[10].

O fogo é geralmente ligado ao *pathos* prometeico do fazer e da ação. A psicanálise do fogo de Bachelard, em contrapartida, libera sua dimensão contemplativa. A postura que o

---

10 BACHELARD, G. *A psicanálise do fogo.* São Paulo: Martins Fontes, 1994, p. 23.

ser humano adota diante do fogo, já involuntariamente desde criança, ilustra sua inclinação ancestral à contemplação. A inatividade contemplativa diferencia o pensador do vigia ou observador, que sempre persegue um objetivo concreto. O pensador, ao contrário, está *sem propósito*, não tem *nenhum objetivo em mente*.

Em seu *Quaestiones convivales*, Plutarco relata sobre um procedimento ritualístico de bulimia (*bulímu exélasis*)[11]. Afugenta-se o devorar incessante e insaciável do gado. Segundo a leitura de Agamben, o ritual tem o objetivo de

> banir uma determinada forma de ingestão de alimentos (o engolir às pressas, tal como fazem os animais, para saciar a fome que é por definição insaciável) e, assim, dar espaço para outras formas de alimentação – humanas e festivas – que só podem começar quando a "fome de boi" tiver sido afastada[12].

A festa é livre das necessidades da vida crua. O banquete não satisfaz, não sacia a fome. O comer se coloca, então, em um modo

---

11 Cf. KERÉNYI. *Antike Religion*. Op. cit., p. 48.

12 AGAMBEN, G. *Nackheiten*. Op. cit., p. 177s.

contemplativo: "Assim, o comer não é mais *melacha*, ação direcionada a finalidades, mas inatividade e *menucha*, sabá da alimentação"[13].

Práticas rituais, nas quais a inatividade tem um papel essencial, elevam-nos para além da vida crua. O jejum e o ascetismo se afastam explicitamente da vida como sobrevivência, da urgência e da necessidade da vida crua. Eles representam uma forma de luxo. Isso lhes confere um caráter festivo. Eles são caracterizados por uma tranquilidade contemplativa. Para Benjamim, o jejum é uma iniciação no "segredo de comer"[14]. Ele afia os sentidos de tal modo que estes descobrem aromas ocultos em qualquer alimento, mesmo no mais ordinário. Quando Benjamin estava involuntariamente em jejum em Roma, constatou:

---

13 Ibid., p. 178.

14 BENJAMIN, W. Denkbilder. In: *Gesammelte Schriften*. Vol. IV. Frankfurt/M. 1991, p. 305-438, aqui: p. 376s. [Edição brasileira: *Imagens do pensamento – Sobre o haxixe e outras drogas*. Belo Horizonte: Autêntica, 2013. Todas as passagens citadas desta obra por Han se basearam nessa tradução de João Barrento, disponível em formato de e-book].

> aqui estava, eu sentia a chance que nunca retornaria de enviar os meus sentidos, que estavam em seu ápice, como cães para as dobras e desfiladeiros dos modestos frutos e vegetais crus, dos melões, do vinho, das dezenas de pães, das nozes, para constatar neles um aroma nunca antes percebido[15].

O jejum ritualístico *renova* a vida ao reavivar os sentidos. Devolve à vida sua vivacidade, seu esplendor. Sob a ditadura da saúde, porém, o jejum se coloca a serviço da sobrevivência. Desse modo, ele perde a dimensão contemplativa, festiva. Ele deve otimizar a vida crua para que ela funcione melhor. Mesmo o jejum se torna, agora, uma forma de sobrevivência.

A inatividade é, como tal, um *jejum espiritual*. Por isso que dela decorre um efeito curativo. A obrigação de produzir transforma a inatividade em uma forma de atividade a fim de explorá-la. É assim que mesmo o sono passa a ser considerado uma atividade. A assim chamada *powernap* representa uma

---

15 Ibid.

forma de atividade do sono. Mesmo sonhos são aparelhados. A técnica do "sonho lúcido" induzido conscientemente serve para otimizar habilidades corporais e espirituais durante o sono. Estendemos a pressão por desempenho e otimização até o sono. É possível que o ser humano elimine, no futuro, tanto o sono quanto o sonho, pois eles não lhe parecerão mais eficientes.

"Há muito tempo vou dormir cedo", assim enuncia a famosa primeira sentença de *Recherche*, de Marcel Proust. No francês, o "cedo" está como "*de bonne heure*": "*Long-temps je me suis couché de bonneheur*". O sono dá início à hora da felicidade (*bonheure*). No sono começa aquela "hora mais verdadeira em que meus olhos se fecharam para as coisas externas"[16]. O sono é um *medium da verdade*. Apenas na inatividade divisamos a verdade. O sonho revela um mundo interior verdadeiro por trás das coisas do mundo exterior, que seriam apenas uma aparência. Aquele que sonha

---

16. PROUST, M. *Auf der Suche nach der verlorenen Zeit*. Vols. 1-7. Frankfurt, 1994, p. 2.578.

mergulha nas camadas mais profundas do ser. Proust considera que a vida, em seu interior, tece incessantemente novos fios entre acontecimentos, formando um denso tecido de relações em que nada está isolado. A verdade é um acontecimento relacional. Ela produz *consensos* por toda parte. Ela ocorre no instante em que o escritor "toma dois objetos distintos e produz uma ligação entre eles" ou, "como faz a vida, revela algo em comum em duas sensações e assim expõe sua essência comum", "[...] reunindo-as uma e outra para removê-las das contingências do tempo"[17].

Sono e sonho são lugares privilegiados da verdade. Eles suspendem as separações e os limites que imperam no estado de vigília. As coisas revelam sua verdade no "sono criativo e sobrevivente do subconsciente (um sono no qual coisas que apenas tocavam-nos cavam mais fundo e as mãos adormecidas agarram a chave da abertura que elas antes buscavam em vão)"[18]. A atividade e a ação são cegas à

---

17 Ibid., p. 4.543s.
18 Ibid., p. 3.625.

verdade. Elas tocam apenas a superfície das coisas. As mãos orientadas à ação buscam a chave para a verdade, mas não a encontram. Esta recai, antes, em mãos adormecidas.

A *Recherche* de Proust é um único sonho longamente estendido. A *mémoire involuntaire* [memória involuntária] como epifania, como fonte da felicidade, está situada no reino da inatividade. Ela se iguala àquele portão que se abre como que por magia. A felicidade não pertence à ordem do saber ou à ordem causal. Ela tem algo de feitiço e magia:

> mas no exato instante em que tudo parece perdido, o sinal que pode nos salvar às vezes chega até nós: batemos em todas as portas que não levavam a lugar algum, mas a única pela qual se podia entrar e que se buscou em vão por centenas de anos, batemos *sem o saber*, e então ela se abre[19].

Tanto o sono como o tédio são estados de inatividade. O sono é o ponto alto do relaxamento do corpo, enquanto o tédio é o ponto alto do relaxamento espiritual. Benjamin

---
19 Ibid., p. 4.511, destaques por B. Han.

caracteriza o tédio como um "tecido cinzento e quente, forrado por dentro com a seda das cores mais variadas e vibrantes" e no qual "nos enrolamos quando sonhamos"[20]. Ele é o "pássaro onírico" que "choca o ovo da experiência"[21]. Seu ninho, porém, decai a olhos vistos. Com isso, o "dom de estar à escuta" é perdido.

A experiência, em sentido enfático, não é um resultado do trabalho e do desempenho. Ela não se deixa produzir pela atividade. Antes, ela pressupõe uma forma particular de passividade e de inatividade: "fazer uma experiência com algo, seja com uma coisa, com um ser humano, com um deus, significa que esse algo nos atropela, nos vem ao encontro, chega até nós, nos avassala e transforma"[22]. A experiência se baseia no dom e na recepção. O seu *medium* é a *escuta*. O atual ruído da

---

20 BENJAMIN, W. *Passagens*. Belo Horizonte/São Paulo: Editora UFMG/Imprensa Oficial do Estado de São Paulo, 2009, p. 145.

21 BENJAMIN, W. *Gesammelte Schriften*. Vol. II. Frankfurt, 1991, p. 446.

22 HEIDEGGER, M. *A caminho da linguagem*. Petrópolis/Bragança Paulista: Vozes/Edusf, 2003, p. 121.

comunicação e da informação, porém, põe um fim à "sociedade dos que escutam". Ninguém *escuta*. Todos *se produzem*.

Inatividades demandam tempo. Elas exigem *muito tempo* [*lange Weile*][23], um demorar-se intenso, contemplativo. Elas são raras em uma época da pressa, na qual tudo se tornou tão a curto prazo, de tão curta respiração e de vista tão curta. Hoje, impõe-se em todo lugar a forma de vida consumista, na qual toda necessidade deve ser satisfeita *imediatamente*. Não temos mais a *paciência para a espera*, na qual algo pode lentamente *amadurecer*. O que conta é apenas o efeito de curto prazo, o êxito rápido. Ações se encurtam em reações. Experiências se diluem em vivências. Sentimentos se empobrecem em emoções e afetos. Não temos acesso à realidade, que só se revela a uma atenção contemplativa.

Suportamos cada vez menos o tédio. Por isso, a capacidade para a experiência definha. O pássaro onírico já está se extinguindo na

---

23 Aqui há um jogo de palavras, no original, entre *lange Weile* [muito tempo] e *Langeweile* [tédio] [N.T.].

floresta de páginas analógica: "na floresta de páginas ilustradas ele [o pássaro onírico] tem de degradar-se. E também em nosso fazer ele não tem mais lugar. [...] O ócio que deu aos seres humanos a mão criadora se extinguiu"[24]. A mão criadora *não age*. Ela *escuta*. A internet, como floresta de páginas digital, furta-nos o "dom da escuta". O pássaro onírico que choca o ovo da experiência se assemelha à pessoa contemplativa imóvel. Na espera, ele se entrega ao "acontecimento inconsciente". Visto pelo lado de fora, ele é inativo. Mas essa inatividade é a condição de possibilidade da experiência.

A espera começa quando já não se tem nada de determinado em vista. Quando esperamos algo determinado, esperamos menos e nos fechamos ao *acontecimento inconsciente*: "a espera começa quando não há mais nada aí pelo que se espere, nem mesmo pelo fim da própria espera. A espera ignora e destrói aquilo que espera. A espera não espera nada"[25]. A

---

24 BENJAMIN, W. *Gesammelte Schriften*. Vol. II. Op. cit., p. 1.287.

25 BLANCHOT, M. *Warten Vergessen*. Frankfurt, 1964, p. 39.

espera é a postura espiritual de quem está inativo e contemplativo. É-lhe revelada uma realidade inteiramente diferente, à qual nenhuma atividade, nenhuma ação, tem acesso.

A espera também determina a relação de Orfeu com Eurídice. Ele se aproxima de Eurídice apenas na espera. Ele pode cantá-la, cobiçá-la, mas não pode possuí-la. Estar privado dela é a condição de possibilidade de seu canto. Eurídice desaparece irremediavelmente quando Orfeu, inquieto com a possibilidade de que ela não o siga mais, volta-se para ela para se assegurar de sua presença. Eurídice encarna o reino da inatividade, da noite, as sombras, o sono e a morte. É fundamentalmente impossível trazê-la à luz do dia. Orfeu deve seu canto, sua obra (*oeuvre*) à morte, que nada mais é do que a *ampliação extrema da inatividade*. Maurice Blanchot aproxima o *désoeuvrement*, a inatividade – literalmente a des-obra ou ausência de obra – da morte. A noite, o sono, a morte, fazem de Orfeu o "sem obra (*désoeuvré*), o desocupado, o inativo"[26].

---

26 BLANCHOT, M. *Der literarische Raum*. Berlim, 2012, p. 16.

O artista deve seu dom da escuta, seu dom para a narrativa, à inatividade, ao *désœuvrement*. Orfeu é o arquétipo do artista. A arte pressupõe uma relação intensa com a morte. O *espaço literário* se abre somente no *ser para morte*. Escrever é, sempre, *escrever para a morte*: "Kafka, em certo sentido, já morreu, isso lhe foi dado [...] e esse dom está ligado àquele [dom] da escrita"[27].

O saber não consegue retratar inteiramente a vida. A vida *inteiramente consciente* é uma vida morta. O vivo não é *transparente* para si. O não saber, como uma forma de inatividade, *aviva* a vida. Em um aforismo no âmbito do "novo Esclarecimento", Nietzsche eleva a ignorância ao *núcleo da vida*:

> Não é o bastante que compreendas em que tipo de ignorância seres humanos e animais vivem; precisas também ter vontade de não saber e aprendê-la. É-te necessário compreender que sem esse tipo de ignorância a vida mesma seria impossível, que ela é uma condição unicamente sob a qual o vivente

---

27 Ibid., p. 91.

> se conserva e floresce: um grande
> e sólido sino de ignorância deve
> estar ao seu redor[28].

A decidida vontade de saber não alcança o que é mais íntimo e profundo da vida. Ela entorpece a vida. Nietzsche também diria que a vida é impossível sem a inatividade, que ela é a condição sob a qual o vivo se conserva e floresce.

Sobre o teatro de marionetes, de Kleist, atribui a graça ao não saber, ao não voluntário e à inatividade. Um dançarino humano nunca alcança a graça das marionetes, que "sem fazer nada" se entregam à "mera lei da gravidade". Elas flutuam sob o chão em vez de se moverem voluntariamente. O movimento como que ocorre "por conta própria". Elas devem a sua graça, então, a um não fazer. É justamente o fazer consciente e voluntário que furta do movimento a sua graça. No mesmo conto, relata-se sobre um jovem que perde a sua graça quando se torna *consciente*, diante do espelho, de sua barba. Graça e beleza têm seu

---

28 NIETZSCHE, F. *Nachgelassene Fragmente 1884-1885 – Kritische Studienausgabe*. Vol. II, p. 228.

lugar para além de esforços conscientes: "Vemos que, à medida que, no mundo orgânico, a reflexão se torna mais obscura e mais fraca, a graça aparece aí cada vez mais brilhante e imperiosa"[29].

O exercício tem como objetivo último alcançar um estado no qual a vontade se resigna. O mestre *se exercita de modo a eliminar a vontade*. Um *não fazer* constitui a maestria. A atividade se consuma na inatividade. *A mão feliz* é sem vontade e sem consciência. Walter Benjamin escreve, sobre o exercício:

> Cansar o mestre, pelo trabalho e o esforço, até o limite do esgotamento, de modo a que o corpo e cada um dos seus membros possam finalmente agir de acordo com a sua própria razão – é a isso que se chama exercício. O êxito consiste em que a vontade, no espaço interior do corpo, abdique de uma vez por todas em favor dos órgãos – por exemplo, da mão. Acontece, assim, que alguém, depois de muito procurar, tira da própria cabeça aquilo

---

[29] VON KLEIST, H. Über das Marionettentheater. In: SEMBDNER, H. (ed.). Sämtliche Werke und Briefe. Vol. II. Munique, 1970, p. 338-345; aqui, p. 345.

> que não encontra, e um belo dia, ao procurar outra coisa, aquela cai-lhe na mão. A mão apoderou-se da coisa, e em um abrir e fechar de olhos tornou-se uma com ela[30].

Não raramente, a vontade nos deixa cegos diante daquilo que *acontece*. A ausência de intenção e o caráter não voluntário nos fazem ter uma *visão clara* ao iluminarem o *acontecimento*, o *ser*, que antecede tanto à vontade como também à consciência.

Em um pequeno conto intitulado *Não esqueça o melhor*, Benjamin esboça uma parábola da vida feliz. O protagonista é uma pessoa ativa que realiza seus "negócios" com determinação e extremo zelo. Ele registra tudo nos mínimos detalhes. Quando se trata de um encontro marcado, ele é "a própria pontualidade". Para ele, não existe "a menor fenda através da qual o tempo poderia ter espreitado". Ele não conhece, portanto, o tempo *livre*. Em sua vida ativa, porém, ele é extremamente infeliz. Ocorre, então, algo inesperado que tem

---

30 BENJAMIN, W. *Denkbilder*. Op. cit., p. 406s.

por consequência uma mudança radical em sua existência. Ele joga seu relógio fora e pratica o chegar tarde. Quando o outro já se foi há muito tempo, ele se senta "para esperar". As coisas acontecem agora por si próprias, sem sua intervenção, e o alegram. Revela-se a ele o caminho do céu: "Amigos o visitavam quando ele menos pensava neles e mais necessitava deles, e seus presentes, que não eram luxuosos, chegavam no tempo certo, como se ele tivesse o caminho do céu nas suas mãos". Ele se lembra da lenda do rapazinho pastor, a quem é permitido, em "*um domingo*", entrar na montanha com seus tesouros, mas com a instrução enigmática: "não te esqueças do melhor". O melhor significa o *não fazer*. A parábola da inatividade de Benjamin termina com as palavras: "Nessa época ele estava bastante bem. Concluía poucas coisas começadas, e não dava nada por concluído"[31].

Quem é realmente inativo não *se* afirma. Ele descarta seu nome e se torna *ninguém*.

---

31 Ibid., p. 407.

Sem nome nem propósito, entrega-se àquilo que *acontece*. Roland Barthes reencontra sua "preguiça sonhada"[32] em um haiku:

> Sentar em paz, sem fazer nada
> Chega a primavera
> A grama cresce por si

Barthes constata que o haiku contém um notável anacoluto, uma fissura gramatical. Aquele que senta e é inativo não é o verdadeiro sujeito da proposição. Ele renuncia ao seu lugar gramatical e desvanece em favor da primavera como sujeito. "Chega a primavera". Disso Barthes infere que "na situação da preguiça, o sujeito é quase furtado de sua constituição como sujeito". São as atividades e as ações que constituem o sujeito. Um sujeito inativo seria um contrassenso. Sujeito e ação se condicionam mutuamente. A inatividade (Barthes a chama aqui de "preguiça") produz um efeito dessubjetivador, desindividualizador, inclusive *desarmador*. Também a grama, como novo sujeito da proposição, traz à tona a inatividade

---

[32] BARTHES, R. Mut zur Faulheit. *Die Körnung der Stimme – Interviews 1962-1980*. Frankfurt, 2002, p. 367-374; aqui, p. 371.

como *disposição geral* do haiku. A grama cresce "por si". A paixão da inatividade tem por consequência, assim poderíamos dar continuidade à reflexão de Barthes, um *anacoluto anímico*. O sujeito renuncia a si mesmo. Ele *se* entrega àquilo que *acontece*. Toda ação, toda atividade, é suspensa em favor de um *acontecimento sem sujeito*: "Essa seria a verdadeira preguiça. Conseguir chegar ao ponto de, em certos instantes, não precisar mais dizer 'eu'"[33].

Um mestre da contemplação se distingue por sua *capacidade mimética*. Ele tem entrada nas coisas à medida que se torna *semelhante* a elas. Em *Infância berlinense: 1900*, Benjamin conta a história de um pintor chinês que desaparece diante de seus amigos em sua pintura:

> A história vem da China e conta de um velho pintor que mostrou sua pintura a seus amigos. Um parque estava representado ali, um caminho estreito pela água e por algumas árvores que levava para diante de uma pequena porta que dava acesso, por trás, a uma casinha. Quando, porém,

---

33 Ibid.

os amigos olharam em volta em busca do pintor, ele estava adiante e no quadro. Lá, ele caminhou no caminho estreito até o portão, ficou diante deles, se virou, sorriu e desapareceu em sua fresta. Da mesma maneira eu também me encontrava repentinamente transposto no quadro, com minha tigela e pincel. Assemelha-me à porcelana, na qual adentrei com uma nuvem colorida[34].

O pintor *sorri* antes de desaparecer inteiramente. Benjamin interpreta o sorriso como uma capacidade mimética. Ele representa o "estágio mais elevado da disponibilidade mimética". Ele sinaliza o acordo "de se tornar semelhante àquilo a que se está voltado". Com o *sorriso mágico*, mostra-se "maestria na mimesis em forma de uma metamorfose"[35]. A condição mimética é uma *condição de ausência de si*, na qual ocorre uma lúdica *passagem para o outro*. A *amabilidade do sorrir* é sua marca essencial.

---

34 BENJAMIN, W. Berliner Kindheit um Neuzehnhundert. *Gesammelte Schriften*. Vol. IV. Frankfurt, 1991, p. 235-304; aqui, p. 262s.

35 BENJAMIN, W. *Gesammelte Schriften*. Vol. VI. Frankfurt, 1991, p. 194.

A inatividade não se opõe à atividade. Antes, a atividade se nutre da inatividade. Benjamin eleva a inatividade à condição de parteira do novo: "Tédio temos quando não sabemos o que esperamos. Que o saibamos ou pensemos saber quase sempre não é senão a expressão de nossa superficialidade ou distração. *O tédio é o limiar de grandes feitos*"[36]. O tédio constitui o "lado externo do acontecimento inconsciente". Sem ele, nada *se sucede*. O núcleo do novo não é a determinação para a ação, mas o acontecimento inconsciente. Quando perdemos a capacidade para o tédio, também perdemos o acesso àquelas atividades que justamente nele se baseiam: "O tédio, porém, não tem mais lugar em nosso fazer. As atividades que se ligam secreta e intimamente a ele vão desaparecendo uma a uma"[37].

A *dialética da inatividade* a transforma em um limiar, em uma zona de indeterminação que nos torna capazes de produzir algo *que*

---

36 BENJAMIN, W. *Passagen-Werk*. Op. cit., p. 161 [destaque meu].

37 BENJAMIN, W. *Gesammelte Schriten*. Vol. IV. Op. cit., p. 741.

ainda não existia. Sem esse limiar, o igual se repete. Nietzsche escreve:

> As pessoas inventivas vivem de modo *inteiramente distinto* das ativas: elas precisam de *tempo* para que sua atividade se desenvolva sem fins ou regras pré-estabelecidas; tentativas, novos caminhos, movem-se muito mais tateando do que aqueles que recorrem a caminhos conhecidos, aqueles que agem segundo a utilidade[38].

As pessoas ativas criadoras se distinguem das ativas úteis pelo fato de que elas fazem, mas *para nada*. Justamente essa *parte da inatividade na atividade* torna possível o surgimento de algo *inteiramente diferente*, algo que *nunca existiu*.

Só o silêncio nos torna capazes de ouvir algo *inaudito*. A obrigação de comunicar, em contrapartida, leva à reprodução do igual, ao conformismo:

> A dificuldade hoje não é mais a de não podermos expressar livremente nossa opinião, mas a de conseguir espaço livre para a soli-

---

[38] NIETZSCHE, F. *Nachgelassene Fragmente 1880-1882 – Sämtliche Werke, Kritische Studienausgabe*. Op. cit., vol. 9, p. 24.

> dão e o silêncio nos quais possamos encontrar algo para falar. Forças repressivas não nos impedem mais de manifestar nossa opinião. Pelo contrário, elas até mesmo nos obrigam a tanto. Como é libertador não ter de dizer algo e poder silenciar-se, pois apenas então temos a possibilidade de criar algo cada vez mais raro: algo que realmente vale a pena ser dito[39].

De forma correspondente, o igual continua sob a restrição da atividade. Apenas os espaços livres da inatividade nos dão a possibilidade de criar algo cada vez mais raro: algo que realmente vale a pena *ser feito*. A inatividade é, então, o limiar de um *feito inaudito*.

A obrigação de agir e, mais ainda, a aceleração da vida se mostram como um meio eficaz de dominação. Se hoje nenhuma revolução parece mais ser possível, talvez isso seja porque não temos tempo para pensar. Sem tempo, sem uma inalação profunda, segue-se repetindo o igual. O espírito livre perece:

---

39 DELEUZE, G. Mediators. *Negotiations*. Nova York, 1995, p. 121-134; aqui, p. 129. Apud HARDT, M.; NEGRI, A. *Demokratie – Wofür wir kämpfen*. Frankfurt, 2013, p. 21.

> Como falta tempo para pensar e tranquilidade no pensar, as pessoas não mais ponderam as opiniões divergentes: contentam-se em odiá-las. Com o enorme aceleramento da vida, o espírito e o olhar se acostumam a ver e julgar parcial ou erradamente, e cada qual semelha o viajante que conhece terras e povos pela janela do trem. Uma atitude independente e cautelosa no conhecimento é vista quase como uma espécie de loucura, o espírito livre é difamado[40].

Depois de Nietzsche erguer seu protesto contra o conformismo dominante, ele continua: "Uma lamentação como a que acaba de ser entoada provavelmente terá seu tempo e se calará por si mesma, ante um intenso retorno do gênio da meditação". O espírito livre como gênio da contemplação reluz na inatividade. Nietzsche constata que em nenhuma época os "ativos", os "inquietos", tiveram tanto valor, e que, por isso, a nossa civilização caiu em uma "nova barbárie". Entre as correções necessárias

---

40 NIETZSCHE, F. *Humano, demasiado humano*. São Paulo: Companhia de Bolso, 2017, aforismo n. 282.

que teriam de ser empreendidas em relação ao caráter do ser humano, estaria "fortalecer em grande medida o elemento contemplativo"[41].

Quando a obrigação de produzir se apodera da linguagem, esta se coloca no modo do trabalho. Ela se reduz, então, à portadora de informação; ou seja, a mero meio de comunicação. A informação é a *forma ativa da linguagem*. A poesia, em contrapartida, desarma a linguagem como informação. Na poesia, a linguagem se coloca no modo da contemplação. Ela se torna inativa:

> Pois a poesia é [...] aquele momento no qual a linguagem desativou sua função comunicativa e informativa – ou [...] no qual a linguagem repousa em si mesma, considera sua própria capacidade linguística e, desse modo, abre novas possibilidades de uso. Assim, o *Vita nuova* de Dante – ou o *Canti* de Leopardi – é a contemplação da língua italiana[42].

---

41 Ibid., aforismo n. 285.

42 AGAMBEN, G. *Herrschaft und Herrlichkeit – Zur theologischen Genealogie von Ökonomie und Regierung.* Berlim, 2010, p. 300.

Nós, os ativos, mal lemos poesias. A perda da capacidade contemplativa repercute sobre nossa relação com a linguagem. Tomados pelo ruído da informação e da comunicação, afastamo-nos da poesia como contemplação da língua e começamos até mesmo a odiá-la.

Quando a linguagem passa apenas a trabalhar e produzir informações, ela perde todo brilho. Ela desbota e reproduz o igual. O escritor francês Michel Butor remete a crise da literatura à comunicação: "Já há dez ou vinte anos não acontece quase mais nada na literatura. Há uma enchente de publicações, mas uma estagnação espiritual. A causa é uma crise da comunicação. Os novos meios de comunicação são dignos de admiração, mas causam um barulho descomunal"[43]. O barulho de comunicação destrói o *silêncio*, furta a linguagem de sua capacidade contemplativa. Desse modo, suas novas possibilidades de expressão permanecem seladas.

O capital é a *atividade em estado puro*. Ele é a transcendência que se apodera da imanên-

---

43 *Zeit* – Entrevista de 12 jul. 2012.

cia da vida e a explora completamente. Ele reduz a vida a uma vida crua, que *trabalha*. O ser humano é rebaixado a um *animal laborans*. Também a liberdade é explorada. A livre-concorrência é, segundo Marx, nada mais do que a "relação do capital consigo mesmo como um outro capital"[44]. Enquanto concorremos um com o outro na livre-competição, o capital se reproduz. Apenas o capital é livre: "Não são os indivíduos que são livres na livre-concorrência, mas o capital"[45]. Os indivíduos, que se iludem pensando ser livres, são, fundamentalmente, órgãos sexuais do capital, que servem para a sua reprodução. O excesso neoliberal de liberdade e de desempenho não é nada mais do que o excesso do capital.

A *política da inatividade* libera a imanência da vida da transcendência, que é o que a aliena de si própria. Só na inatividade tomamos consciência do solo em que pisamos e do espaço em que nos encontramos. A vida entra

---

[44] MARX, K. Grundrisse der Kritik der politischen Ökonomie. *MEW*, vol. 42, p. 545.

[45] Ibid.

no modo contemplativo e se lança de volta ao fundamento oculto do seu ser. Ela se encontra em si e considera a si mesma. Ela alcança sua profunda imanência. Só a inatividade nos inicia no segredo da vida.

Para Deleuze, a imanência da vida não é nada mais do que a beatitude: "Dir-se-á da pura imanência que ela é Uma Vida, e nada mais. Ela não é imanência à vida, mas a imanência que não está em nada é ela mesma uma vida. Uma vida é [...] a imanência absoluta: ela é potência, beatitude completas"[46]. A imanência como vida é a *vida no modo da contemplação*. A vida como imanência é uma capacidade que *não age*. Por isso, ela é um "imanente que não está em nada", pois ela não está submetida a nada e não depende de nada. A vida se relaciona a si mesma e repousa em si mesma. A imanência caracteriza uma vida que pertence a si mesma, que basta a si mesma. Esse bastar-a-si-mesmo é a beatitude. Ela caracteriza aquelas crianças pequenas que reluzem em

---

46 DELEUZE, G. Imanência: uma vida... *Limiar,* vol. 2, n. 4, 2016, p. 179.

sua inatividade: "As crianças pequenas são atravessadas por aquela vida imanente que é a pura capacidade e até mesmo beatitude para além de todo sofrimento e debilidade". Aquela "capacidade consumada" se manifesta como uma "pura contemplação sem conhecimento" (*pure contemplation sans connaisance*), como "ver sem conhecimento"[47]. É uma capacidade contemplativa, uma capacidade que *não age*.

As crianças plenas de "vida imanente" de Deleuze são aparentadas às "crianças pequeninas" de Handke que se perdem alegremente na inatividade: "[…] em todas as noites aqui em Linares, fiquei vendo como muitas criancinhas levadas ao bar iam ficando cansadas: nenhuma avidez mais, nenhum agarrar com as mãos, apenas seguem brincando"[48]. O "cansaço etéreo", "fundamental" de Handke, que ele evoca no *Ensaio sobre o cansaço*, corresponde à "pura capacidade" que *não age*: "Uma ode pindárica dedicada a um cansado, e não a

---

47 DELEUZE, G.; GUATARRI, F. *Was ist Philosophie?* Frankfurt, 1996, p. 254.

48 HANDKE, P. *Ensaio sobre o cansaço.* São Paulo : Estação Liberdade, 2020, p. 58-59.

um vencedor! As pessoas reunidas em Pentecostes, ao receberem o Espírito: eu as imagino cansadas, largadas nos bancos. A inspiração do cansaço diz menos sobre o que é para se fazer e mais sobre o que é para se deixar de fazer"[49]. O "cansaço etéreo" de Handke se distingue daquele cansaço profano como impotência, como incapacidade de fazer algo. Como *pura capacidade*, ele não se submete a nenhum *para-algo*, a nenhuma finalidade e objetivo. O cansado faz algo, mas *para nada*. Ele se assemelha àquela criança que está sempre em movimento, sem, com isso, *executar* ou *concretizar* algo.

Em *O homem sem qualidades*, Musil retrata, em uma passagem, um *reino da inatividade*, que seria um *eterno sabá*. Um "espírito mágico da inatividade" coloca o mundo em um estado de contemplação:

> É preciso, aí, comportar-se de modo inteiramente silencioso. [...] Também é preciso se alienar da razoabilidade com que se cuida de negócios. É preciso privar seu espírito de todos os instrumentos e impedir, nisso, de servir como um instrumento. [...] É preciso man-

---

49 Ibid., p. 60.

ter-se consigo mesmo, até que cabeça, coração e membros estejam em puro silêncio. Caso se alcance assim, porém, a suprema ausência de si, então, por fim, o fora e o dentro se tocam, como se explodisse um calço que dividiu o mundo...![50]

A "mística clara como o dia" de Musil produz um "outro estado". Ela suspende aquelas separações que isolam as coisas umas das outras. As coisas se fundem umas com as outras como em um "estado de sonho". *A paisagem da inatividade* é sem fronteiras separadoras. As coisas se reúnem e se reconciliam. Elas se tornam permeáveis e penetráveis umas para as outras: "Gostaria de dizer: as singularidades não possuem mais seu egoísmo, por meio do qual elas exigem nossa atenção, mas são irmanadas e, em sentido literal, 'intimamente' ligadas umas com as outras"[51].

O "cansaço etéreo" caracteriza o espírito no modo de contemplação. Ao olhar do cansado,

---

50 MUSIL, R. *Der Mann ohne Eigenschaften*. Ed. Adolf Frisé. Reinbek, 1978, p. 1.234.

51 Ibid., p. 762.

revela-se o mundo em estado de reconciliação. "Tudo junto" é a fórmula da reconciliação:

> O outro também se torna eu. As duas crianças ali sob os meus olhos cansados, isso sou eu agora. E a irmã mais velha puxando o irmão menor pelo café agora: isso faz sentido e tem um valor, e uma coisa não vale mais que a outra – a chave que cai no punho do cansado tem o mesmo valor que a vista com o passante do outro lado do rio –; e é tão bom quanto belo, é assim que é e deve continuar sendo e, sobretudo, isso tudo é verdade[52].

O sentido mais profundo da verdade é a con-*cordância* das coisas. Verdade e beleza convergem na amabilidade. Na *paisagem da inatividade*, as coisas se casam. Elas *brilham*. O *espírito no modo da inatividade* se chama *brilhar*: "Cézanne quase sempre consegue o casamento – a união – de tudo: a árvore se torna chuva, o ar se torna pedra, uma coisa se esforça pela outra: o sorriso na paisagem terrena"[53].

---

52 HANDKE, P. *Ensaio sobre o cansaço*. São Paulo: Estação da Liberdade, 2020, p. 54-55.

53 HANDKE, P. *Die Geschichte des Bleistifts*. Frankfurt, 1985, p. 235.

Na *paisagem da inatividade,* nada se dissocia de nada. Nada se aferra a si mesmo ou se prende a si mesmo. "O aroma azul, intenso do pinheiro" "se une" "ao cheiro das pedras, ao aroma do mármore distante de Sainte-Victoire"[54]. A amabilidade brilhante que inunda a *paisagem da inatividade* de Cézanne desperta do ressoar das coisas: "Todos os tons se penetram, todas as formas penetram umas às outras se circundando. Aqui há interligação"[55]. Sem desvios, as coisas adentram em relacionamentos: "Esses copos, esses pratos, eles conversam uns com os outros, trocam fidelidades sem impedimentos"[56]. Pintar não significa nada mais do que "soltar a amizade de todas essas coisas ao ar livre"[57]. Pintar expressa a *concordância das coisas,* ou seja, a sua *verdade.* Separações acentuadas e contrastes fortes, nos quais as coisas repelem umas às outras, são fenômenos da superfície. Nas camadas profundas do ser, eles são suspensos.

---

54 CÉZANNE, P. *Über die Kunst – Gespräche mit Gasquet. Briefe.* Hamburgo, 1957, p. 10s.

55 Ibid., p. 38.

56 Ibid., p. 66.

57 Ibid., p. 14.

São os propósitos e os juízos humanos que destroem a *continuidade do ser*. Assim escreve Cézanne: "Por que fracionamos o mundo? Seria nosso egoísmo que aí se espelharia? Queremos tudo para nosso uso"[58]. Para que as coisas resplandeçam em seu brilho próprio, livres dos propósitos e das ações do ser humano – que as submete a ele –, ele deve se afastar: "Vivemos em um mundo criado por humanos, entre utensílios, em casas, ruas, cidades – a maior parte do tempo vemos todas essas coisas apenas sob a *perspectiva das atividades humanas* que podem ser empreendidas nelas, com elas ou diante delas"[59]. A *paisagem da inatividade* de Cézanne rompe com a natureza tornada humana e restaura uma *ordem não humanizada das coisas*, na qual elas podem se reencontrar. Assim, as maçãs de Cézanne *não são apropriadas para o consumo*. Suas tigelas e pratos não são um "aparato", um instrumento que está submetido ao para-algo, à finalidade huma-

---

58 Ibid., p. 66.

59 MERLEAU-PONTY, M. *Sinn und Nicht-Sinn*. Munique, 2000, p. 22 [destaque de B.-C. Han].

na. Eles têm, antes, sua própria dignidade, seu próprio brilho.

O pintor ideal faz com que cesse qualquer atividade, qualquer voluntariedade, e deixa tudo acontecer por conta própria. A pintura é bem-sucedida quando o pintor se torna *ninguém*: "Ah! Nunca se pintou a paisagem. O ser humano não deve estar aí, mas sim ter entrado inteiramente na paisagem"[60]. O pintor *se dissipa* pintando, perde-*se* na paisagem. Ele transmite a paisagem "inconscientemente" para a tela. A paisagem sem fronteiras entra na ponta do pincel e pinta a si própria. O clamor de Cézanne pela inatividade se chama *fazer silêncio*. O *eu barulhento*, com sua vontade, com seus propósitos e inclinações, tem de ser levado ao desaparecimento[61]. Cézanne nota, sobre a tarefa do pintor: "Todo o seu querer tem de silenciar-se. Ele deve fazer se aquietarem todas as vozes da preconcepção, esquecer, esquecer, fazer silêncio, ser um eco

---

60 CÉZANNE. *Über die Kunst*. Op. cit., p. 19.

61 Cf. HAN, B.-C. *Filosofia do Zen-budismo*. Petrópolis: Vozes, 2019, p. 102-104.

por inteiro. Então, em sua tela sensível à luz, a paisagem inteira se retratará"[62].

A inatividade é, para Cézanne, o ideal da existência humana. Suas pinturas são perpassadas por um *ethos da inatividade*. Em um comentário sobre a série de pinturas *Os jogadores de cartas*, diz-se: "Cézanne mostra os camponeses jogando ou *inativos, as mãos no colo*, deixando para trás um socialismo [...] superficial, ele prefigura uma última libertação do ser humano do trabalho, do esforço e do fardo"[63]. A série de pinturas *Os banhistas* representa uma *utopia da inatividade*. No brilho da inatividade, ser humano e natureza se fundem. Eles se interpenetram. Em algumas representações, os banhistas fluem verdadeiramente na paisagem. Nenhuma ação, nenhum propósito separa ser humano e natureza. *Os banhistas* mostra o mundo no estado de redenção. A reconciliação entre ser humano e natureza é o fim último da *política da inatividade*

---

62 Ibid., p. 9.

63 DITTMAN, L. Zur Kunst Cézannes. In: GOSEBRUCH, M. (ed.). *Festschrift Kurt Badt zum siebzigsten Geburtstage*. Berlim, 1961, p. 190-212; aqui, p. 196 [destaque de B.-C. Han].

Uma marginália a Zhuang Zhou

Em uma anedota que pode ser lida como se fosse uma continuação do *Sobre o teatro das marionetes* de Kleist, Zhuang Zhou conta sobre um cozinheiro que se mostra como mestre da inatividade. Ele pratica o não fazer. Ele faz uso das *possibilidades* que já estão latentes nas coisas, em vez de intervir voluntariamente nelas. Desmembra bois conduzindo a faca pelos intervalos já existentes no corpo. Um bom cozinheiro, assim ele diz, raramente tem de trocar de faca, pois ele *corta*. Um cozinheiro inábil, em contrapartida, tem de trocar de faca com frequência, pois ele *parte* com toda violência. O cozinheiro de Zhuang Zhou corta bois sem o menor uso da força: "Cuidadosamente presto atenção, observo onde tenho de parar, e continuo bem lentamente, movendo a faca de modo quase imperceptível – de repente, ele [o animal] está desmontado e cai como um punhado de terra no chão"[64]. Zhuang Zhou representa o cortar como um *acontecimento sem obrigação e sem propósito*. O seu cozinheiro é, na verdade, inativo. Ele apenas *presencia o acontecimento* o qual ele, por assim dizer, dá apenas um empurrãozinho. Depois do boi se desmontar como que por conta própria, ele mesmo se admira com o acontecimento maravilhoso que tomou lugar sem sua intervenção.

O famoso pioneiro da economia rural, Masanobu Fukuoka, aplica coerentemente em sua práxis a doutrina da inatividade de Zhuang Zhou. Ele a chama de "economia-da-não-ação". Ele está convencido de que as técnicas econômicas modernas destroem a suave lei da natureza. Elas de fato oferecem soluções, mas para problemas que elas mesmas criaram. A economia da inatividade, tal como o cozinheiro de Zhuang Zhou, faz uso das possibilidades ou forças que já se escondem na natureza. Zhuang Zhou diria: *um fazendeiro sábio não*

---

64 ZHOU, Z. *Das wahre Buch vom südlichen Blütenland.* Jena, 1912, p. 23.

lavra. A economia-da-não-ação de Fukuoka abdica, de fato, do lavrar:

> O primeiro princípio [da economia-da-não-ação]: nenhum preparo do solo. Isso significa nada de lavrar ou de revirar a terra. Há séculos os fazendeiros supõem que o lavrar é indispensável para o preparo de culturas. Para a economia rural, porém, o não preparo é fundamental. A terra cultiva a si mesma de modo natural com a ajuda da penetração de raízes de plantas e da atividade de micro-organismos, pequenos animais e minhocas. [...] Os seres humanos intervêm na natureza, e não importa o quanto se esforcem, não podem curar as feridas que daí resultam. [...] Se a terra, porém, for entregue a si mesma, mantém sua fertilidade de modo natural e em consonância com os ciclos organizacionais da vida vegetal e animal[65].

Como o cozinheiro de Zhuang Zhou, o bom fazendeiro compreende seu trabalho como um deixar acontecer. A não ação é seu

---

65 FUKUOKA, M. *Der Grosse Weg hat kein Tor*. Darmstadt, 2013, p. 52.

ethos. As palavras de Fukuoka podem ser lidas como um dito de Zhuang Zhou: "Quando uma árvore é plantada zelosamente e pode, desde o início, seguir suas formas naturais, todo tipo de aparo ou de pesticida é artificial"[66].

Também Heidegger se aproxima da filosofia da inatividade de Zhuang Zhou. A "serenidade" [*Gelassenheit*] de Heidegger contém uma dimensão da não ação. Os seres humanos destroem a Terra ao arrancá-la de sua "modesta lei do possível" e submetê-la a uma total disponibilização: "Primeiro a vontade que se orienta inteiramente pela técnica distende a Terra na degeneração e exploração e transformação do artificial. Ela arrasta a Terra para além do círculo maduro do seu possível, em algo que não é mais o possível e, por isso, é o impossível"[67]. Salvar a Terra significa: *deixá-la no possível, no círculo maduro do seu possível*. A *ética da inatividade* de Heidegger consiste em fazer uso do *possível*, em vez de impor o impossível.

---

66 Ibid., p. 71.

67 HEIDEGGER, M. *Vorträge und Aufsätze*. Pfullingen, 1954, p. 94.

Da ação ao ser

Há uma pintura de Klee que se chama Angelus Novus. É representado aí um anjo que parece como se estivesse considerando se afastar de algo que ele encara. Seus olhos estão arregalados, sua boca aberta e suas asas estendidas. O anjo da história deve parecer assim. Ele virou o rosto para o passado. Onde uma cadeia de acontecimentos aparece para nós, lá ele vê uma catástrofe que empilha incessantemente escombro após escombro, escorregando diante de seus pés. Ele bem gostaria de se demorar, despertar os mortos e juntar os abatidos. Mas vinda do paraíso se assoma uma tempestade que se prendeu a suas asas e que é tão forte que o anjo não pode mais fechá-las. Essa tempestade o arrasta de maneira incontível ao futuro para o qual ele vira as costas, enquanto a pilha de escombros diante dele cresce até o céu. Aquilo que chamamos de progresso é essa tempestade.

Walter Benjamin

Hannah Arendt compreende o século XX como uma época da ação. Também nossa relação com a natureza não é determinada por um observar admirado, mas somente pela ação. Para além do âmbito interpessoal, o ser humano age no interior da natureza, submetendo-a inteiramente a seu arbítrio. Ele desencadeia, assim, processos que não ocorreriam sem sua intervenção e que levam à total perda de controle:

> É como se tivéssemos transposto nossa própria imprevisibilidade – o fato de que nenhum ser humano pode antecipar inteiramente as consequências de sua ação – à própria natureza, e, com isso, tivéssemos transposto a antiga lei natural – em cuja validade incondicional queríamos tanto confiar, pois somos nós mesmos o imprevisível e o nunca inteiramente confiável por excelência – ao âmbito das leis da ação humana, de um âmbito inteiramente distinto, as quais, por sua vez, nunca são universalmente válidas ou incondicionalmente confiáveis[68].

---

68 ARENDT, H. *Zwischen Vergangenheit und Zukunft – Übungen im politischen Denken I*. Munique, 2012, p. 78.

O antropoceno é o resultado da submissão total da natureza à ação humana. A natureza perde toda autonomia e dignidade. Ela é degradada a um componente, a um anexo da história humana. A legalidade da natureza é submetida ao arbítrio humano, à imprevisibilidade da ação humana. *Fazemos* história ao agir. Agora *fazemos* a natureza ao dissolvê-la nas relações produzidas pela ação humana. O antropoceno marca exatamente o momento histórico no qual a natureza é inteiramente absorvida e explorada pela ação humana.

O que fazer diante das consequências catastróficas da ação humana sobre a natureza, consequências que hoje vêm à cena com grande impacto? Arendt confessa francamente que ela não pode fornecer nenhuma solução. Com suas considerações, ela quis apenas "abordar a essência e as possibilidades da ação, que nunca tinham se mostrado de modo tão aberto e se desvelado em sua grandeza e em seu perigo". Além disso, ela quis introduzir a "reflexão", "cujo resultado final, que ainda se encontra longe, seria uma filosofia da política adequada a nosso próprio tempo e a nossas experiências"[69].

Que tipo de "filosofia da política" se seguiria daquela "reflexão" que é consciente de toda a problemática da ação humana? Uma filosofia crítica da ação? Em *Vita activa*, Arendt expõe a ação humana sobretudo em sua grandeza e dignidade. A ação, em sentido enfático, produz a história. Arendt vê o perigo da ação humana apenas no fato de que ela não pode prever suas consequências. Também posteriormente, ela nunca considera que a absolutização da ação humana poderia ser responsável por catástrofes que já se anunciavam de maneira inconfundível em seu tempo. A filosofia como um resultado de uma reflexão fundamental – que ainda se encontra em um futuro distante – deveria ter por objeto justamente aquela capacidade humana que *não age*.

Agir é o verbo para a história. O *anjo da história* de Benjamin se vê confrontado com as consequências catastróficas da ação humana.

---

69 Ibid., p. 79.

Diante dele, cresce até o céu uma pilha de escombros da história. Ele, porém, não pode demoli-la, pois a tempestade que vem do futuro, chamada progresso, arrasta-a consigo. Seus olhos arregalados e a boca aberta refletem sua impotência, seu horror. A história humana é um apocalipse em avanço. Trata-se, aí, de um *apocalipse sem acontecimento*. Catastrófica é a *continuação sem acontecimento do agora*: "O conceito de progresso deve ser fundado na ideia de catástrofe. Que as coisas 'assim continuem' é a catástrofe. Ela não é aquilo que se aproxima, mas o que já está dado. [...] O inferno não é nada que se aproximaria de nós – mas é esta vida aqui"[70]. Catastrófica não é irrupção de um acontecimento inesperado, mas a continuidade do seguir-assim, a repetição contínua do igual. Desse modo, mesmo o mais novo se mostra como igual: "Trata-se aí [...] de que a face do mundo nunca se transforma naquilo que é o mais novo, de que o mais novo em todas as suas partes permanece sempre o mesmo. – Isso constitui a eternidade

---

70 BENJAMIN, W. *Passagen-Werk*. Op. cit., p. 592.

do inferno"[71]. A salvação consiste, assim, em uma *interrupção radical do agora*. Só um *anjo da inatividade* estaria em condições de deter a ação humana, que se dirige inevitavelmente ao apocalipse.

Alguns anos antes do *Vita activa ou sobre a vida ativa* de Arendt, Heidegger proferiu uma palestra com o título *Ciência e reflexão* [*Besinnung*]. Em oposição à ação que impulsiona adiante, a reflexão nos traz de volta para onde *sempre já* estamos. Ela nos abre um *ser-aí* [*Da-Sein*] que precede todo fazer, todo agir, e que *se demora*. Uma dimensão da inatividade é inerente à reflexão. Esta se entrega àquilo que *é*:

> Entrar por um caminho que uma coisa tomou *por si mesma* significa, em nossa língua, *sinnan*, refletir [*sinnen*]. [...] Ela [a reflexão] é a serenidade em relação ao digno de questionamento. Por meio da reflexão assim compreendida, chegamos verdadeiramente ali onde, sem já o saber e enxergar, estamos há muito tempo. Na reflexão, va-

---

71 Ibid., p. 676.

mos a um lugar unicamente a partir do qual se abre o espaço que mede nosso fazer e deixar de fazer[72].

A reflexão é uma capacidade que *não age*. Ela implica o deter-se como *interrupção*, como *inatividade*. Nos *Cadernos negros*, Heidegger escreve: "O que aconteceria se o pressentimento do poder silencioso da *reflexão inativa* desvanecesse?"[73] O pressentimento não é um saber deficiente. Antes, ele nos abre o *ser*, o *aí*, que se furta ao saber proposicional. Só por meio do pressentimento temos acesso àquele lugar no qual o ser humano já sempre se encontra: "O pressentimento [...] não se dirige apenas ao futuro e ao que se aproxima, tal como o pressentimento pensado usualmente de modo calculista; ele mede e avalia toda a temporalidade: O espaço-jogo-temporal do Aí"[74]. O pressentimento não é um "degrau preliminar na escada do saber". Antes, ele torna

---

72 HEIDEGGER, M. *Vorträge und Aufsätze*. Op. cit., p. 64.

73 HEIDEGGER, M. *Überlegungen II-IV. Schwarze Hefte 1931-1938. Gesamtausgabe*. Vol. 94, Frankfurt, 2014, p. 447.

74 HEIDEGGER, M. *Beiträge zur Philosophie – Gesamtausgabe*. Vol. 65. Frankfurt, 1989, p. 22.

acessível aquele "pórtico"[75] no qual tudo que se pode saber tem sua sede, ou seja, tem lugar. O pensamento de Heidegger gira incansavelmente em torno daquele *Aí* primordial que não se deixa capturar por nenhum saber proposicional.

Para a "reflexão inativa" é válida a *magia do Aí* que se furta ao agir. Seus passos "não levam adiante, mas de volta para lá onde já estamos"[76]. Ela nos deixa "no [já] chegado", "em cujo âmbito nós já estamos"[77]. Em sua imanência radical, esse *Aí* nos é *próximo demais*, de modo que, frequentemente, o ignoramos. Ele é o "pertíssimo" que está mais perto do que o objeto mais próximo. Quem é apenas ativo inevitavelmente o pula. Ele se abre apenas ao demorar-se inativo, contemplativo. Heidegger introduz todo um vocabulário da inatividade a fim de trazer à fala esse *Aí* pré-proposicional. Também a figura da espera é usada por

---

75 HEIDEGGER, M. *Was heißt Denken?* Tübingen, 1971, p. 173.

76 HEIDEGGER, M. *Unterwegs zur Sprache*. Op. cit., p. 208.

77 Ibid., p. 199.

ele: "A espera é uma capacidade que supera toda força ativa. Quem se encontra no poder esperar ultrapassa todo desempenho e seus resultados"[78]. Só na espera sem intenção, no demorar-se na espera, o ser humano se torna consciente daquele espaço no qual ele já se encontra desde sempre: "Na espera, o ser humano é reunido na atenção àquilo a que ele pertence"[79]. A "reflexão inativa" percebe o brilho do inaparente, do irrealizável, do indisponível, que se furta a todo uso, a todo fim: "A pobreza da reflexão é, porém, a promessa de uma riqueza cujo tesouro reluz no brilho daquele inútil que nunca se deixa calcular"[80].

Não é fácil marcar o *Aí* linguisticamente, pois ele se furta ao proposicional. Ele não se encontra disponível nem no pensamento nem na intuição. Os arrepios lhe estão mais próximos do que a retina. Ele se abre *pré-reflexivamente*. O Ser-Aí [*Da*-Sein] se exprime, primeiramente,

---

78 HEIDEGGER, M. *Feldweg-Gespräche (1944/5) – Gesamtausgabe*. Vol. 77. Frankfurt, 1995, p. 227.

79 Ibid., p. 226.

80 HEIDEGGER, M. *Vorträge und Aufsätze*. Op. cit., p. 66.

como Ser-Disposto [*Gestimmt*-Sein] que também precede o Ser-Consciente [*Bewusst*-Sein]. A disposição [*Stimmung*] não é um estado subjetivo que colore o mundo objetivo. Ela *é* o mundo. Ela é *mais objetiva* do que o objeto, sem, porém, ser ela própria um objeto. Antes de direcionar minha atenção a um objeto, já *me encontro* em um mundo de-*finido* [be-*stimmten*][81]. A disposição, como estado de espírito, precede qualquer intencionalidade referida a objetos: "A disposição já abriu, porém, o ser-no-mundo como todo, e torna primeiramente possível um se dirigir a [algo]"[82]. A disposição nos abre o espaço unicamente no qual nos confrontamos com um ente. Ela desvela o ser.

---

81 Neste parágrafo, o autor faz um jogo de palavras usando palavras que são derivadas do verbo *stimmen*, como *Stimmung* (que traduzimos por "disposição") e *Gestimmt-Sein* (que traduzimos por "ser-disposto") para lembrar que tais palavras sempre estão associadas a uma ideia de afinação sonora, de estar afinado, *em sintonia* com algo – no caso, o mundo que, justamente, disporia o sujeito e assim lhe daria sua "disposição" (daí que optamos por traduzir *be-stimmen* [escrito separado pelo próprio autor] como definir, uma vez que isso aproxima a tradução do jogo com a ideia de "afinação") [N.T.].

82 HEIDEGGER, M. *Sein und Zeit*. Tübingen, 1979, p. 137.

Não podemos dispor da disposição. Ela nos toma. Não é possível produzi-la voluntariamente. Antes, somos lançados nela. Não a atividade, mas o estar-lançado [*Geworfenheit*] como passividade ontológica originária define nosso ser-no-mundo originário. Na disposição, o mundo se revela em sua indisponibilidade. A disposição precede toda atividade e é, ao mesmo tempo, de-*finidora* para ela. Toda ação é, sem que sejamos conscientes disso, um agir de--*finido*. A disposição constitui, então, o *quadro pré-reflexivo* para atividades e ações. Assim, ela pode facilitar ou também impedir ações de-*finidas*. Uma passividade é inerente ao âmago da atividade. Ações e atividades não são, portanto, inteiramente livres ou espontâneas.

Também o pensar não é pura atividade e espontaneidade. A dimensão contemplativa que nele habita o transforma em um *corresponder*. Ele corresponde àquilo que "se dirige a nós como voz [*Stimme*] do ser", ao se deixar de-*finir* por ela. Pensar significa "abrir nossos ouvidos"; ou seja, escutar e ouvir atentamente. Falar pressupõe escutar e corresponder: "Philosophia é o corresponder verdadeiramente consumado que fala enquanto atenta ao chamado do ser do ente. O corresponder ouve a voz do chamado. [...] O corresponder é necessário e sempre, não apenas por acaso e às vezes, um disposto [*gestimmtes*]. Ele está em uma disposição [*Gestimmtheit*]. E só no fundamento da disposição (*disposition*) o falar do corresponder recebe sua precisão, sua De-Finição [*Be-Stimmtheit*]"[83]. A disposição não é indefinida ou difusa. Antes, ela concede ao pensado uma De-*Finição*. A disposição é uma gravidade que condensa palavras e conceitos em um pensamento de-*finido*. Ela concede ao pensamento, no âmbito pré-reflexivo, uma direção de-*finida*. Sem disposição, o pensamento é sem destinação; ou seja, sem *De-Finição* [*Be-Stimmung*]. Ele permanece completamente inde-*finido* e arbitrário: "Se a disposição fundamental fica de fora, então tudo é um aglomerado forçado de conceitos e cascas de palavras"[84].

---

[83] HEIDEGGER, M. *Was ist das – Die Philosophie?* Pfullingen, 1956, p. 23.

[84] HEIDEGGER, M. *Beiträge zur Philosophie*. Op. cit., p. 26.

O pensar já é sempre *disposto*; ou seja, exposto a uma disposição que o *fundamenta*. A fundamentação pré-reflexiva do pensar precede todo pensamento: "Todo pensar essencial exige que seus pensamentos e proposições sejam extraídos renovadamente, como minério, da disposição fundamental"[85]. Heidegger se esforça, por isso, para descobrir, no pensar, o âmbito da passividade. Admite-se, aí, que o pensar, em seu âmago, é um *pathos*: "[...] *pathos* está ligado com *paschein*, sofrer, aguentar, suportar, entregar, deixar-se carregar, deixar-se de-finir por [algo]"[86].

Já por isso a inteligência artificial não pode pensar, pois ela não é capaz do *pathos*. Padecer e sofrer são estados que não podem ser alcançados por nenhuma máquina. À máquina, a inatividade contemplativa é, sobretudo, estranha. Ela conhece apenas dois estados: ligada e desligada. O estado contemplativo não surge quando a função é simplesmente desativada.

---

85 Ibid.

86 HEIDEGGER, M. *Was ist das – Die Philosophie?* Op. cit., p. 26.

A máquina, na verdade, não é nem ativa nem inativa. Atividade e inatividade se comportam como luz e sombra. A sombra dá forma à luz. Ela lhe dá contornos. Sombra e luz se condicionam mutuamente. Assim, atividade e inatividade também se deixam compreender como dois estados ou modos do pensar do espírito. O pensar se tece por meio da luz e da sombra. A inteligência maquinal, em contrapartida, não conhece nem luz nem sombra. Ela é *transparente*.

A contemplação é oposta à produção. Ela se relaciona com o indisponível como algo *já dado. O pensar está sempre recepcionando*. A dimensão da dádiva no pensar [*Denken*] faz dele um agradecer [*Danken*]. No pensar como agradecer, a vontade se resigna [*abdanken*] inteiramente: "O espírito nobre paciente seria um puro repousar-em-si de toda vontade que, recusando o querer, entregou-se àquilo que não é uma vontade. O espírito nobre seria a essência do pensar e, assim, do agradecer"[87].

---

87 HEIDEGGER, M. *Aus der Erfahrung des Denkens 1910-1976 – Gesamtausgabe*. Vol. 13. Frankfurt, 1983, p. 68.

A "reflexão" de Heidegger repele a total disponibilização que faz de tudo alcançável, calculável, controlável, condutível, dominável e consumível. Na digitalização, a disponibilização alcança um novo patamar. Ela suprime a própria *facticidade* ao totalizar a *produtibilidade*. A ordem digital não conhece nenhum fundamento indisponível do ser. Seu lema enuncia: *ser é informação*. A informação o torna inteiramente disponível. Se tudo é rapidamente disponibilizável e consumível, não se forma nenhuma atenção profunda, contemplativa. O olhar vagueia ao redor, como o olhar de um caçador. Perde-se, assim, qualquer *ponto de referência sobressaliente* no qual podemos nos *demorar*. Tudo é aplainado e submetido a necessidades de curto prazo.

Também a "renúncia" faz parte do vocabulário da inatividade de Heidegger. Ela significa tudo, menos desistir ou deixar passar. Como outras figuras da inatividade, ela estimula uma relação construtiva com aquela esfera do ser que permanece fechada à atividade conduzida pela vontade. A renúncia é uma *paixão pelo indisponível*. Na renúncia, tornamo-nos receptíveis para a dádiva: "A renúncia não retira. A renúncia doa". O ser, como o indisponível, *doa a si mesmo* na renúncia. Assim, a renúncia se converte em um "agradecimento"[88].

Heidegger insere uma dimensão da inatividade no fato de ser capaz – fato que usualmente vinculamos com a atividade e o desempenho. Ele a pensa a partir da perspectiva do gostar e do amar:

> Aceitar uma "coisa" ou uma "pessoa" em sua essência significa: amá-la: gostar dela. Esse gostar significa, pensado originariamente: presentear a essência. Tal gostar é a verdadeira essência da capacidade que não apenas faz isso ou aquilo, mas que faz com que algo "se apresente" mostrando sua origem; ou seja, que deixa com que algo seja[89].

Ao gostar, a capacidade libera uma coisa ou uma pessoa em sua essência. Em oposição ao agir humano absolutamente posto, a capacidade que *não age* cria a partir do *possível*.

---

[88] Ibid., p. 233s.

[89] HEIDEGGER, M. *Wegmarken*. Frankfurt, 1967, p. 148.

No alemão, a palavra possível, *möglich*, tem sua origem no gostar, "mögen". O possível [*Mögliche*] é o que é digno de se gostar [*Mögenswerte*]. A capacidade como gostar deixa o possível, o digno de se gostar, em sua essência, em vez de entregá-lo ao impossível [*Unmöglichen*]. A salvação da Terra depende dessa *ética da inatividade*: "Os mortais habitam, à medida que salvam a Terra – a palavra tomada no sentido antigo, que Lessing ainda conhecia. A salvação não livra apenas de um perigo; salvar significa, na verdade: deixar algo livre em sua própria essência"[90].

Em vista das ameaçadoras catástrofes naturais, a "proteção ao meio ambiente" é um conceito muito precário. É necessária uma relação radicalmente transformada com a natureza. A Terra não é nenhum "recurso" com que teríamos de lidar de modo mais "sustentável". Antes, temos de assimilar o significado originário de *preservar*. Heidegger o compreende novamente a partir da inatividade, do deixar-ser: "O verdadeiro preservar [...]

---

90 HEIDEGGER, M. *Vorträge und Aufsätze*. Op. cit., p. 144.

ocorre quando retornamos algo à sua própria essência [...]. O traço fundamental do habitar é esse preservar"[91]. Em alemão, a palavra preservar, *schonen*, é derivada da palavra belo, *schön*. O preservar se refere ao belo. A Terra é bela. Dela parte o imperativo de preservá-la, de devolver-lhe sua dignidade.

Sem dúvida, uma ação decidida é necessária a fim de suspender as consequências catastróficas da intervenção humana na natureza. Mas, se a causa desse mal ameaçador foi o agir humano absolutamente estabelecido que se apoderou sem nenhuma consideração da Terra e a explorou, então é preciso empreender uma correção na própria ação humana. Por isso, é necessário *elevar a parte contemplativa da ação*; ou seja, cuidar para aprimorar a ação *com a reflexão*.

A obrigação de atividade, produção e desempenho leva à falta de ar. O ser humano se sufoca em seu próprio fazer. Só na reflexão as coisas se tornam "espaçosas, arejadas em torno do ser humano"[92]. Nos *Cadernos negros* de

---

[91] Ibid., p. 143s.

[92] HEIDEGGER, M. *Hölderlins Hymne "Andenken" – Gesamtausgabe*. Vol. 52. Frankfurt, 1982, p. 75.

Heidegger, encontra-se um dito muito digno de nota: "O ser é o éter no qual o ser humano respira, sem o qual ele seria rebaixado a mero gado e todo seu fazer seria degradado a uma simples criação de gado"[93]. Heidegger formula, aqui, uma *biopolítica da historicidade do ser*. O esquecimento do ser, como reflexão faltante, tira-nos a respiração. Ele degrada o ser humano a um *animal laborans*. Dessa perspectiva, a inatividade ganha um significado político. A *política da reflexão* tem de abolir aquelas coações que adestram o ser humano de modo a torná-lo um animal útil e de trabalho.

O jovem Heidegger é, como Arendt, animado por um *pathos* da ação. Para ele, a inatividade contemplativa ainda é completamente estranha. Ele descobre, de fato, o "estar-lançado" da existência humana, mas é ofuscado pela "determinação" para a ação. Também disposições como medo ou tédio, que, na verdade, inibem a ação, são interpretadas por ele como convocações ao agir. A assim chamada

---

[93] HEIDEGGER, M. *Überlegungen II-IV – Schwarze Hefte 1931-1938*. Op. cit., p. 232.

"virada", na qual ele se distancia de seu pensamento de juventude, marca a *passagem do agir para o ser*.

A angústia representa, em *Ser e tempo*, a "disposição fundamental", pois ela confronta o "ser-aí" (a designação ontológica para o ser humano) com o ser-no-mundo. Em oposição ao medo, que meramente se relaciona com *algo* no mundo, o "de que" da angústia é o *mundo como tal*: "Aquilo de que a angústia se angustia é o próprio ser-no-mundo. O ente dentro do mundo [...] afunda na angústia. O 'mundo' não consegue fornecer mais nada, tampouco o ser-aí-com outros"[94]. Esse mundo que escapa ao ser-aí na angústia não é o mundo em geral, mas o mundo familiar, cotidiano, no qual vivemos sem nos questionar. Ele é dominado pela *impessoalidade* ["*Man*"], pelo conformismo da "exposição pública": "Assim nos divertimos e entretemos como *impessoalmente* se faz; lemos, vemos e julgamos [...] como *impessoalmente* se vê e julga; [...] O impessoal, que não é

---

94 HEIDEGGER, M. *Ser e tempo*. Petrópolis: Vozes, 2005, p. 179.

nada determinado mas que todos são, embora não como soma, prescreve o modo de ser da cotidianidade"[95]. O impessoal como "ninguém" retira do ser-aí o fardo da decisão e da responsabilidade ao livrá-lo da *ação* em sentido estrito. O impessoal deixa à disposição do ser-aí um mundo pré-preparado no qual tudo já foi interpretado e decidido. A cotidianidade, com todos seus modelos aceitos sem questionamento de pensamento e comportamento, é o constructo do impessoal. Isso impede o ser-aí de ser *alguém* que se encarrega expressamente de *si* por meio da ação. O impessoal repele toda perspectiva autônoma do mundo. Heidegger chama esse modo de ser de "inautenticidade" ou "decadência". O ser-aí existe, primeira e geralmente, de modo inautêntico. Ele se fecha à possibilidade do poder--ser mais próprio. Só a angústia abre ao ser-aí a possibilidade de, contra a "inautenticidade", apropriar-se de seu poder ser si-mesmo, ou seja, de *agir*. Heidegger exige da angústia, assim, algo que, na verdade, é-lhe recusado,

---

95 Ibid., p. 126s.

pois a angústia significa justamente a *impossibilidade* de agir. Heidegger, em contrapartida, entende-a como a *possibilidade* por excelência de apoderar-se do si mesmo mais próprio e se decidir ao agir.

Também o tédio não é, para Heidegger, nenhum pássaro onírico que choca o ovo da experiência. Ele é interpretado, igualmente, como um apelo à ação. No tédio, assim como na angústia, o mundo escapa ao ser-aí; isto é, escapa-lhe o ente no todo. O ser-aí recai em um vazio paralisante. Todas as "possibilidades da ação e inação" são recusadas. Heidegger escuta nessa recusa [*Versagen*], porém, um dizer [*Sagen*]: "O que indica neste recusar-se o ente que no todo se recusa? [...] Justamente as *possibilidades* de sua [do ser-aí] ação e inação"[96]. A recusa é, simultaneamente, um "anúncio de possibilidades que se encontram a esmo", do qual o ser humano deve se apoderar com determinação heroica. Do tédio parte um apelo penetrante de se decidir a "agir aqui e agora".

---

96 HEIDEGGER, M. *Os conceitos fundamentais da metafísica: mundo, finitude, solidão.* Rio de Janeiro: Forense Universitária, 2011, p. 185.

Esse decidir-se "por si mesmo", ou seja, por ser *alguém*, é o "*instante*"[97].

Ser e tempo é dominado inteiramente pela ênfase no si-mesmo e na ação. Também a morte é compreendida a partir do poder-ser--si-mesmo. Em vista da morte como "possibilidade extrema" de "renunciar a si mesmo", desperta um enfático *eu-sou*. A morte, como *minha* morte, caminha conjuntamente com a ênfase no si-mesmo. Ela leva a uma contração do si-mesmo. Permanece fechada a Heidegger aquela experiência da morte que me leva a afrouxar as amarras do si-mesmo[98]. Esse tipo de morte diz o seguinte: em vista da morte, eu me entregaria à morte, em vez de me aferrar a meu ego. Essa morte me liberta para o *outro*. Em vista da morte, desperta uma *serenidade*, uma *amabilidade com o mundo*[99].

A ênfase no si-mesmo caminha conjuntamente com a determinação para a ação. Ela é uma *forma de atividade*. Na inatividade, não

---

97 Ibid., p. 196.

98 Cf. HAN, B.-C. *Morte e alteridade*. Petrópolis: Vozes, 2020, cap. 2 [N.T.].

99 Cf. HAN, B.-C. *Tod und Alterität*. Munique, 2002.

se forma nenhum *si-mesmo* decidido. O mestre da inatividade não diz "eu". Em *Ser e tempo* não há espaço para a inatividade. O mundo é, inteiramente, "mundo do trabalho". Coisas são ferramentas. Tudo está submetido ao *para-algo*. Chama-se de "cuidado" a constituição fundamental da existência humana. Não há, ao lado da "cotidianidade", nenhuma *festividade*. Festa e jogo, nos quais o "cuidado" é inteiramente suspenso, estão completamente ausentes em *Ser e tempo*.

Alguns anos depois de *Ser e tempo*, Heidegger realiza a passagem da ação para o ser. O *pathos* da ação dá lugar ao *espanto sobre o ser*:

> [...] o festejar, enquanto interrupção do trabalho, é já um conter-se, é prestar atenção, é perguntar, é reflexão, é espera, é a passagem para um pressentimento mais desperto do milagre, do milagre de que em geral um mundo munda ao nosso redor, de que haja o ente e não antes o nada, de que haja coisas e nós mesmos em meio a elas[100].

---

100 HEIDEGGER, M. *Hölderlins Hymne "Andenken"*. Op. cit., p. 64.

A ênfase no si-mesmo e a determinação para a ação que dominam *Ser e tempo* silenciam-se inteiramente. Angústia e tédio não são mais ligados ao chamado à ação. Eles revelam o *ser*. Nisso, eles se assemelham ao amor:

> O tédio profundo [...] nivela todas as coisas, os seres humanos e a gente mesmo com elas, em uma estranha indiferença. Esse tédio manifesta o ente na totalidade. Uma outra possibilidade de tal manifestação se revela na alegria pela presença do ser-aí – não da pura pessoa – amado[101].

Depois da "virada", Heidegger chega à compreensão de que só inatividades como festa e jogo concedem à existência humana um brilho. Ele descobre o festivo. Não se fala mais de "cuidado" ou de "angústia". O cinza da cotidianidade dá lugar ao brilho festivo:

> O brilho faz parte do festivo. Mas o brilho tem sua origem, na verdade, no iluminar e radiar do essencial. À medida que este reluz, tudo nas coisas e no ser humano entra na dispersão de seu brilho, e esse

---

101 HEIDEGGER, M. *Marcas do caminho*. Petrópolis: Vozes, 2008, p. 120.

> brilho, por sua vez, demanda do ser humano o adorno e o adornar. [...] Jogo e dança fazem parte do brilho da festa[102].

Jogo e dança são inteiramente libertos do para-algo. Também o adorno não adorna nada. Ele não é um "instrumento". As coisas, libertas do para-algo, tornam-se elas mesmas festivas. Elas deixam de "funcionar" para *brilhar* e *resplandecer*. Brota, delas, uma tranquilidade contemplativa que torna possível o demorar-se.

Na festa enquanto forma reluzente da existência humana, desfaz-se toda a *espasticidade existencial* do ser-aí determinado à ação. A festividade liberta a existência humana da estreiteza do propósito e da ação, das amarras da finalidade e da utilidade. Onde a *disposição festiva* impera, suprime-se o *tempo espasmódico* do "cuidado", a tensão existencial que brota do si-mesmo. A ênfase no si-mesmo dá lugar à serenidade e à alegria. O demorar-se contemplativo desfaz o *pathos* da ação.

---

102 HEIDEGGER, M. *Hölderlins Hymne "Andenken"*. Op. cit., p. 67.

Em Heidegger, há rastros de pensamento que se condensam em uma *ética da inatividade*. Ela vale tanto para as relações entre humanos como também para a relação com a natureza. Pouco antes de sua morte, Heidegger escreveu um pequeno escrito com o título *Recordação de Marcelle Mathieu*. O tema do escrito é a hospitalidade de sua anfitriã já falecida em Provença. Heidegger evoca, primeiramente, a grandiosa paisagem de sua pátria, como se sua hospitalidade surgisse imediatamente de sua relação intensa com a paisagem. Ele destaca o *respeito* que ela sente diante da paisagem: "A modéstia de seu respeito apareceu primeiramente quando a senhora de Les Camphoux convidou os amigos para o pico de Rebanqué, com sua vista multifacetada de uma grande paisagem"[103]. A grandiosa paisagem preenche a anfitriã com um "respeito milagroso" que lhe permite *retirar a si mesma, desarmar-se e esvaziar-se*. Seu respeito diante da paisagem se prolonga na relação entre seres humanos e se manifesta como hospitalidade.

---

103 HEIDEGGER, M. *Reden und andere Zeugnisse eines Lebensweges*. Vol. 16. Frankfurt, 2000, p. 731.

O *frente a frente excessivo* da grandiosa paisagem coloca o observador em um estado de respeito diante do indisponível. Do mesmo modo Heidegger fala do "respeito hesitante diante do infactível"[104]. Quem é tomado pelo respeito, entrega-*se* ao *outro do si-mesmo*. No respeito, desperta uma atenção especial, uma *receptividade amável* ao outro. Ele nos ensina a *escutar*. Ele faz da anfitriã uma *escutadora* atenta:

> Nas conversas dos amigos, ela permanecia a escutadora silenciosamente atenta, preocupada apenas com o bem-estar deles. Ela não era nem senhora nem criada, mas se continha entre ambos docilmente, em um não dito. É de se supor que ela mantivesse com este último diálogos silenciosos em suas muitas caminhadas que ela fazia inteiramente sozinha pela terra natal[105].

Heidegger remete, aqui, a capacidade de escuta ao poder do "não dito" que se anuncia na grandiosa paisagem. A anfitriã de Heidegger

---

104 HEIDEGGER, M. *Hölderlins Hymne "Andenken"*. Op. cit., p. 128.

105 HEIDEGGER, M. *Reden und andere Zeugnisse eines Lebensweges*. Op. cit., p. 128.

escuta de modo a *se* remover, ao se deixar de-*finir* pelo "não dito". O "não dito" é a *linguagem da Terra* que se furta à vontade humana. A salvação da Terra depende de se estaremos ou não em condições de *escutar a Terra*.

Em *Diálogos do caminho campestre*, Heidegger faz a seguinte observação sobre o hóspede: "Ele sabe escutar e o faz de modo tão atencioso que ele é, para mim, com essa postura e gesto tão imperiosos, algo como o hóspede por excelência"[106]. Em vista da paisagem grandiosa, a anfitriã de Heidegger experimenta a si mesma como hóspede. Ela se torna *hóspede entre o céu e a Terra*. Ela não é "nem senhora nem criada". Como hóspede, ela se sujeita ao "não dito" ao escutá-lo. *Seu respeito acentua a escuta*.

A *ética do respeito* de Heidegger é expressa de modo anedótico em sua anfitriã: "E o respeito? Um rastro precioso dele foi deixado por ela para nós aqui em Freiburg, quando ela, estando diante de nossa casa com a intenção de nos visitar, não pensou em bater – e se foi

---

106 HEIDEGGER, M. *Feldweg-Gespräche*. Op. cit., p. 128.

novamente. Assim, às vezes, o não realizado é mais poderoso do que o dito e concretizado"[107]. Heidegger também poderia ter dito: A não ação é mais poderosa do que tudo feito e realizado. *A ética do respeito é a ética da inatividade.*

---

107 HEIDEGGER, M. *Reden und andere Zeugnisse eines Lebensweges*. Op. cit., p. 732.

A absoluta falta de ser

A crise do presente consiste em que tudo aquilo que poderia dar sentido e orientação à vida está se partindo. A vida já não se *apoia* em nada resistente que a sustente. O verso de Rilke de *Elegias de Duíno*, "Pois em parte alguma há permanência", expressa da melhor maneira possível a crise do presente. Nunca a vida foi tão fugidia, efêmera e mortal como hoje.

A "imortalidade" teria, segundo consta Hannah Arendt, "desaparecido do mundo que circunda o ser humano, assim como da natureza que circunda o mundo". Em compensação, ela teria encontrado "um incerto abrigo na escuridão do coração humano", que ainda teria a capacidade "de recordar e dizer: para sempre". O que era o mais mortal, a saber, o ser humano mortal, teria se "tornado o último refúgio da imortalidade". Arendt se apoia, aí, em um verso de Rilke: "Repousam as montanhas sob um luzeiro das estrelas; mesmo nelas, porém, bruxuleia o tempo. Ah! Em meu selvagem e sombrio coração jaz, desabrigada, a imortalidade"[108]. O poema citado por Arendt é, na verdade, um lamento pelo *ser* que incessantemente desvanece. A primeira estrofe enuncia: "Expressão maravilhosa: passar o tempo!/ *mantê-lo*, isso seria o problema/ pois, a quem não angustia: /onde está um permanecer, onde, por fim, um *ser* em tudo isso?"

O coração humano não consegue mais oferecer um refúgio para a imortalidade. Se o coração é o órgão da recordação e da memória, então, na era digital, somos inteiramente desprovidos de coração. Salvamos toneladas de dados e informação, mas sem recordar. Afastamo-nos de toda forma de "para sempre". Renegamos práticas de tempo intensas como fidelidade, responsabilidade, promessa, confiança e compromisso. Provisoriedade, brevidade e inconstância dominam a vida.

---

108 ARENDT, H. *Zwischen Vergangenheit und Zukunft*. Op. cit., p. 76.

O próprio tempo se decompõe cada vez mais em uma simples sequência de presentes pontuais. Ele se torna aditivo. Nenhuma narração lhe dá a forma de uma *estrutura* que poderia levá-lo a parar. As arquiteturas do tempo erodem. Rituais e festas são tais arquiteturas do tempo que, por assim dizer, equipam-no com andaimes e articulações e, com isso, estabilizam-no. Essas arquiteturas estão se desmantelando cada vez mais, pois elas impedem a circulação acelerada de informação e de capital.

A digitalização e a informatização do mundo fragmentam o tempo e tornam a vida radicalmente efêmera. O *ser* tem uma dimensão temporal. Ele cresce longa e lentamente. O curto-prazo atual o desmonta. O ser só se condensa no demorar-se. É, porém, impossível demorar-se em informações. Informações representam o *estágio absoluto da perda do ser*. Já Niklas Luhmann afirmava sobre a informação: "Sua cosmologia é uma cosmologia não do ser, mas da contingência"[109]. O

---

109 LUHMANN, N. *Entscheidungen in der "Informationgesellschaft"*.

ser se desintegra em informações. Tomamos conhecimento de informações apenas de maneira fugidia. Posteriormente, seu *status* de ser se torna nulo novamente, como a mensagem ouvida na caixa postal. Informações têm um nível de atualidade muito escasso. Elas vivem do estímulo da surpresa e nos deixam em uma vertigem de atualidade.

O ser humano é um *animal narrans*, um *animal narrador*. A nossa vida, porém, não está sendo determinada por qualquer narrativa vinculante, significativa, que pudesse nos dar sentido e orientação. Estamos muito bem-informados, mas carecemos de orientação por causa da falta de narrativa. Se a felicidade humana depende, como diz Nietzsche, de que haja uma "verdade *indiscutível*"[110], então estamos, de fato, desprovidos de felicidade. A verdade é uma narrativa. Informações, em contrapartida, são aditivas. Elas não se condensam em uma narrativa. Elas fortalecem a *tempestade digital de contingência* e acentuam a falta de ser. Nada promete compromisso e

---

110 NIETZSCHE, F. *Nachgelassene Fragmente 1869-1874 – Sämtliche Werke. Kritische Studienausgabe*. Vol. 7, p. 710.

duração. A contingência exacerbada desestabiliza a vida.

O mundo atual é muito pobre com respeito a um plano simbólico apto a estabilizar eixos temporais. A percepção simbólica como *reconhecimento* vislumbra o *duradouro*. *Repetições* aprofundam o ser. A percepção simbólica é livre da contingência. Nisso, ela se distingue da percepção serial, que toma conhecimento de uma informação após a outra. Dados e informações não têm nenhum poder simbólico.

O simbólico atua imediatamente na percepção. No âmbito pré-reflexivo, emocional, estético, ele influencia nosso comportamento e nosso pensamento. Símbolos produzem *coisas comuns* que tornam possível o *nós*, a coesão de uma sociedade. Só por meio do simbólico, do estético, forma-se o *sentimento compartilhado*, o *Sym-Pathos* ou a *Com-Paixão*. No vazio simbólico, em contrapartida, a comunidade se despedaça em indivíduos indiferentes, pois não há mais o vinculante e o associativo. A perda do *sentimento compartilhado* proporcionado pelo simbólico acentua a falta de ser. A comunidade é uma totalidade mediada simbolicamente. O vazio simbólico narrativo leva à fragmentação e à erosão da sociedade.

Vemos o que o símbolo realmente é no diálogo *O Banquete*, de Platão. Aristófanes narra, ali, que os seres humanos seriam, originariamente, seres esféricos. Como eles se tornaram poderosos e soberbos demais, os deuses teriam os partido ao meio. Desde então, cada uma dessas metades anseia pela união com a sua outra metade. Esse pedaço partido se diz, em grego, *symbolon*. O ser humano, como *symbolon*, anseia por uma totalidade sagrada e restauradora. Esse anseio é o amor. A totalidade restaurada cura as feridas, suspende a falta de ser que remete à partição originária:

> O símbolo [...], a experiência do simbólico, significa que este algo único, este algo especial representa-se como um pedaço do ser que promete completar o algo a ele correspondente, a fim de sanar os efeitos da quebra, curá-lo, de integrá-lo, ou ainda, que o que completa o todo, o outro pedaço quebrado sempre procurado, torna-se nosso fragmento vital[111].

---

111 GADAMER, H. *A atualidade do belo: a arte como jogo, símbolo e festa*. Rio de Janeiro: Tempo Brasileiro, 1985, p. 51.

O simbólico promete uma plenitude do ser, uma cura. Sem a ordem simbólica, permanecemos como pedaços partidos e fragmentos.

Hoje, usamos todas as nossas forças para prolongar a vida. Na realidade, a vida está se reduzindo à sobrevivência. *Vivemos para sobreviver.* A histeria da saúde e da mania de otimização são reflexos da falta de ser predominante. Tentamos compensar o déficit do ser por meio do prolongamento da vida crua. Desse modo, perdemos toda sensibilidade para a *vida intensa*. Nós a confundimos com mais produção, desempenho e consumo, que, porém, não representam nada senão *formas de sobrevivência.*

A falta de ser também se deve ao processo econômico que isola as pessoas cada vez mais umas das outras. Isolamento e solidão levam a uma falta de ser, pois *ser é ser-com*. No regime neoliberal, não se forma nenhum *nós*. O regime neoliberal eleva a produtividade ao isolar os seres humanos e lançá-los em uma competição brutal. Ele transforma a vida em uma batalha por sobrevivência, em um inferno da concorrência desenfreada. Sucesso, desempenho e competição são formas de sobrevivência.

Também a digitalização desfaz o ser enquanto ser-com. Estar conectado não é o mesmo que estar vinculado. A conectividade sem limites é justamente o que enfraquece o vínculo. Uma relação intensa pressupõe o *outro* que se furta à disponibilidade. Facilitados pela conexão digital, porém, fazemos do outro, do *Tu*, um *Isso* disponível, e isso leva a uma *solidão* primordial. Um objeto consumível que satisfaz nossas carências não possibilita nenhum vínculo intenso. Assim, apesar da crescente conexão e conectividade, estamos mais solitários do que nunca.

Um vínculo intenso surge quando ocupamos um objeto com energias libidinais. Um refluxo das energias psíquicas, porém, faz com que elas não fluam para o outro, mas fluam de volta para o eu. Esse refluxo psíquico, o congestionamento de energias libidinosas desocupadas, torna-nos ansiosos. A angústia surge da falta de um vínculo a um objeto. O eu gira, então, em torno de si próprio, lançado de volta a si mesmo, sem mundo. O Eros faltante acentua a falta de ser. Apenas Eros pode vencer a ansiedade e a depressão.

A falta de ser desencadeia um excesso de produção. A hiperatividade e hipercomunicação de hoje podem ser interpretadas como uma reação à predominante falta de ser. O crescimento material se contrapõe à falta de ser. Desse modo, *produzimos contra* o sentimento de falta. Certamente, a produção alcança seu nível máximo *no ponto zero do ser*. O capital é uma forma de sobrevivência. O capitalismo é nutrido pela ilusão de que mais capital produz mais vida, mais capacidade de viver. Mas essa vida é uma vida *nua*, uma sobrevivência.

O sentimento de falta estimula a ação. Quem age decididamente não contempla. Quem, em contrapartida, como Fausto, proclama *Demore-se, tu és tão bela!*, não age. A *plenitude do ser, como beleza*, é alcançada na contemplação. A ideia de que a felicidade suprema se deve *à contemplação* foi inteiramente perdida para nós.

Tanto na Antiguidade quanto na Idade Média, a felicidade é buscada no ver contemplativo. O poeta grego, Menandro, escreve:

> A ele chamo de feliz, Parmenon,
> antes de tudo,
> Que sem sofrimento *vê* o que é
> majestoso
> Neste mundo [...],
> O sol que brilha para todos, as
> estrelas,
> O mar, o andar das nuvens, o
> brilho do fogo:
> Se vives cem anos, vês isso sempre
> E mesmo se vives poucos anos,
> jamais verás nada mais elevado[112].

À pergunta sobre para que ele teria vindo ao mundo, o filósofo grego Anaxágoras responde: "Para contemplar" (*eis theorian*)[113]. No nascimento, somos lançados, da escuridão sem objeto, ao mundo claro. Os olhos da criança humana recém-nascida se abrem não para agir, mas para contemplar. Não a ação, mas a contemplação, não o *pathos* do novo, mas o espanto sobre aquilo que *é* fundamenta a *natalidade*. Nascer significa avistar a luz do mundo. A vida, para Homero, é idêntica ao "ver a luz do sol"[114].

---

112 Apud KERÉNYL. *Antike Religion*. Op. cit., p. 113.

113 Diógenes Laércio, II, 10.

114 Cf. HOMERO. *Ilíada*, 18.61.

A vida ativa possui, certamente, sua validade e legitimidade próprias, mas, segundo Tomás de Aquino, ela tem a felicidade de servir à *vita contemplativa* como sua finalidade última: *vita activa est dispositivo ad contemplativam* [A vida ativa está a serviço da contemplativa][115]. A *vita contemplativa* é a "finalidade de toda vida humana" (*finis totius humanae vitae*)[116]. O ver contemplativo é toda a recompensa que recebemos por nossos esforços: *tota merces mostra visio est* [A visão é toda nossa recompensa][117]. Também o trabalho, como resultado da atividade, somente se consuma quando se oferece à contemplação.

No comentário à *Ética a Nicômaco*, Tomás define a política de modo muito particular. Ele formula uma *política da inatividade*, que se opõe diametralmente à compreensão de Arendt do político. A política caminha em direção ao vazio se ela não se abre para o não

---

[115] Apud PIEPER, J. *Glück und Kontemplation*. Munique, 1957, p. 97.

[116] TOMÁS DE AQUINO. *Summa theologiae*, II, II[ae], q. 180, a. 4.

[117] Apud PIEPER, J. *Glück und Kontemplation*. Op. cit., p. 65.

político. Ela tem como sua finalidade última a inatividade, a contemplação:

> É à felicidade da contemplação que a vida política parece estar inteiramente subordinada: a paz, portanto, que é fundamentada e mantida por meio do estabelecimento do objetivo da vida política, põe o ser humano em condições de se entregar à contemplação da verdade[118].

Diante do ser perfeito e sem falta, apenas a *contemplação* e o *louvor* são possíveis. É assim que o *De civitate Dei*, de Agostinho, ao concluir com a presença da plenitude divina do ser no sabá, assume uma linguagem em forma de hino. O sabá promete o reino de Deus "que não tem fim". O que, porém, fazem os seres humanos no eterno reino dos céus? "Então seremos ociosos" (*vacabimus*) "por toda eternidade" (*in aeterno*), jubila Agostinho, "e veremos, veremos" (*videbimus, videbimus*) e "amaremos, amaremos" (*amabimus, amabimus*) e "louvaremos" (*laudabimus*). "É isso", continua Agostinho, "que um dia será, naquele fim sem

---

118 Ibid., p. 97s.

98

fim"[119]. Em Agostinho, contemplar e amar se tornam uma e a mesma coisa. Apenas onde há amor o olho se abre (*ubi amor, ibi oculus*)[120]. Contemplar e louvar são formas da inatividade. Não perseguem nenhuma finalidade e não produzem nada. Apenas a falta de ser impulsiona a máquina de produção.

Louvar é a finalidade última da linguagem. Isso concede a ela um brilho festivo. No louvor, toda falta de ser é suspensa. Ele canta e evoca a plenitude do ser. Em um poema, Rilke eleva o louvor à tarefa do poeta: "Ó, dizes, poeta, que fazes? – Louvo"[121]. No louvor do poeta, a linguagem chega a um repouso festivo-contemplativo. O louvor é o *sabá da linguagem*. Ele manifesta o "finalmente *ser*" que atravessa o mortal coração humano com seu resplendor: "Louvar, é isso! Alguém convocado a louvar,/ surgiu como o minério da pedra/ do silêncio. Seu coração, ó, lagar efêmero/ de

---

119 AGOSTINHO. *Vom Gottesstaat*. XXII, 30.

120 PIEPER. *Glück und Kontemplation*. Op. cit., p. 73.

121 RILKE, R.-M. *Sämtliche Werke*. Wiesbaden, 1957. Vol. 2, p. 249.

um vinho infinito aos humanos./ Nunca lhe falhará a voz no pó,/ se o exemplo divino o captura./ Tudo se torna vinhedo, tudo se torna uva/ amadurecido em seu sul sensível"[122].

Rilke distingue o louvor da busca: "Não, não mais buscar: voz da madurez"[123]. É inerente às buscas uma falta. Elas são próprias à vida crua, ao "animal desamparado"[124] cujo traço essencial é o *cuidado*. O louvor, em contrapartida, *ultrapassa* qualquer esforço, qualquer cuidado. Nisso consiste sua festividade. Onde impera a falta de ser, o louvor permanece de fora. Há, então, apenas *buscas barulhentas*. A comunicação de hoje é, na sua totalidade, uma pura busca como forma de sobrevivência. Ela é desencadeada no *ponto zero do ser*.

O tempo de festa é um tempo de contemplação intensa. O "sentimento de festividade"[125] é um sentimento intensificado do ser. A festa ilumina o mundo, proporcionando sentido e orientação:

---

122 RILKE. *Sämtliche Werke*. Op. cit., vol. I, p. 735.

123 Ibid., p. 709.

124 Ibid.

125 KERÉNYI. *Antike Religion*. Op. cit., p. 47.

> A festa revela o sentido da existência cotidiana, a essência das coisas que cercam o homem e das forças que atuam em sua vida. A festa como uma realidade do mundo humano [...] significa que a humanidade é capaz de se tornar *contemplativa* em períodos ritmicamente recorrentes e, nesse estado, confrontar-se diretamente com as realidades superiores sobre as quais repousa toda sua existência[126].

O tempo da festa, que *percorremos* [*begehen*] como se passássemos por espaços festivamente adornados, é um tempo que não *passa* [*vergeht*]. Ele é um *Tempo-Áureo* [*Hoch-Zeit*]. A festa produz uma atemporalidade na qual toda falta de ser é suspensa.

O trabalho separa e isola o ser humano. A absolutização do trabalho e do desempenho desfaz o ser como ser-com. A festa, em contrapartida, estimula a comunidade. Ela reúne e vincula as pessoas. O sentimento de festividade é sempre um *sentimento de comunidade*, um *sentimento-de-nós*. Hans-Georg Gadamer

---

126 Ibid., p. 62, destaque de B. Han.

compreende a festa como o fundamento da comunidade: "Festa é coletividade e é a representação da própria coletividade, em sua forma acabada"[127].

Quando a contemplação era o vínculo primário do ser humano com o mundo, ele ainda tinha uma relação ao ser divino sem falta. A palavra grega *theoría* ("contemplação") designa, originariamente, um enviado que viajava a um lugar distante para assistir a uma festa dos deuses. A contemplação do divino é *theoría*. *Theorós* é o enviado. *Theoroi* são contempladores admirados do divino. Uma contemplação intensificada festivamente faz do espectador um *theorós*: "Ésquilo se referia a uma visão maior e mais solene em sua enormidade, quando dizia *theorós* em vez de *theatés* para os espectadores"[128]. Os filósofos também são *theoroi*, à medida que se ocupam do conhecimento do divino. O erudito alexandrino, Harpócrates, descreve os *theoroi* da seguinte maneira:

---

127 GADAMER, H. *A atualidade do belo: a arte como jogo, símbolo e festa*. Rio de Janeiro: Tempo Brasileiro, 1985, p. 61.

128 KERÉNYI. *Antike Religion*. Op. cit., p. 111.

"*Theoroi* não são apenas os espectadores, mas também aqueles que são enviados aos deuses e, em geral, aqueles que guardavam os mistérios divinos ou se ocupavam de assuntos divinos"[129]. Quando Aristóteles eleva o *bíos theoretikós*, a vida contemplativa, à atividade divina, e situa nela a bem-aventurança perfeita, sem dúvida tem em mente a contemplação divina cultual da *theoría*: "E, por fim, há Aristóteles, que absolutamente não compara a *theoría* do filósofo com uma visão qualquer, mas com a de Olímpia, para a qual *theoríai* eram factualmente enviados; e com aquela das festas de Dionísio. Independentemente de qualquer relação cultual, ele encontra, aí, o divino"[130].

O ser humano é capaz da *bíos theorétikós* porque ele "tem algo de divino em si". Aristóteles enfatiza expressamente que deuses *não agem*:

> Nós supomos que os deuses são bem-aventurados e felizes de uma forma extrema, mas que espécie de ações podemos atribuir-lhes?

---

[129] Apud RAUSCH, H. *Theoria. Von ihrer sakralen zur philosophischen Bedeutung*. Munique, 1982, p. 17.

[130] KERÉNYI. *Antike Religion*. Op. cit., p. 111.

Serão eventualmente ações justas? Mas não será antes que parecerão ridículos ao vermo-los entrar em negociações de contratos e restituir os depósitos recebidos e todas as ações deste gênero? Ou serão atos de coragem ao vermo-los, por exemplo, a suportar situações tremendas e exporem-se a perigos pela nobreza da ação? Ou atos de generosidade? A quem é que ofereceriam o quê? Porque parece absurdo [imaginá-los] com dinheiro ou qualquer coisa do gênero. E o que é que seriam para eles ações temperadas? Não parecerá grosseiro louvá-los pelo fato de não terem desejos ordinários? Se passarmos em revista tudo o que foi dito, parece que todas as ações de natureza excelente [que imaginemos serem] realizadas por deuses são insignificantes ou indignas deles. Mas certamente todos supomos que os deuses existem e, por conseguinte, atuam. Não podemos imaginá-los a dormir como Endímion. Mas se nós retirarmos a um ser vivo a possibilidade de agir e mais ainda de produzir, o que é que lhe resta senão a atividade da contemplação?[131]

A atividade de Deus, "distinguindo-se pela sua ventura", é a contemplativa (*theoretiké*). A atividade contemplativa é uma inatividade, um repouso contemplativo, um ócio (*scholé*), já que, em oposição à vida ativa (*biós politikós*), não *age*, ou seja, não tem sua finalidade fora de si mesma. Na inatividade como ócio, a vida se relaciona a si mesma. A vida não é mais alienada de si própria. Assim, Aristóteles vincula o *bíos theoretikós* com a autossuficiência: "E é em torno da situação contemplativa que se cria o que designamos por independência autossuficiente"[132]. Só a *vita contemplativa* promete a autossuficiência divina, a bem-aventurança completa.

A história se consuma quando a ação cede totalmente seu lugar à contemplação; ou seja, ela se consuma no *sabá da inatividade*. A visão de uma pessoa que se encontra profundamente mergulhada diante de uma obra de

---

131 ARISTÓTELES. *Ética a Nicômaco*. São Paulo: Forense, 2017, 1178b.

132 Ibid., 1177a.

arte leva o filósofo George Santayana à suposição, decididamente filosófica, de que "todos os esforços humanos e toda a história, se é que tendem a algo, tendem a ser coroados na contemplação"[133].

---

133 Apud PIEPER. *Glück und Kontemplation*. Op. cit., p. 108.

O *pathos* da ação

Há dois conceitos sagrados (*qadosh*) na crença judaica: Deus e sabá. Deus é sabá. Para um judeu devoto, toda a vida é um "aspirar ao sabá"[134]. Sabá é redenção. No sabá, o ser humano é imortal. A passagem do tempo é suspensa. O sabá é um "palácio no tempo"[135] que liberta os humanos e os leva do mundo passageiro até aquele mundo que há de vir (*Olam Haba*). *Menucha* (repouso) é um sinônimo para o mundo por vir. O sentido profundo do sabá é que a história é suspensa ao ingressar na feliz inatividade.

A criação do ser humano não é o último ato da Criação. Só o repouso do sabá consuma

---

134 FLUSSER, V. *Kommunikologie weiter denken*. Frankfurt, 2009, p. 236.

135 HESCHEL, A.J. *Der Sabbat*. Neukirchen-Vluyn, 1990, p. 14.

a Criação. Por isso, escreve Raschi, em seu comentário ao Gênesis: "O que ainda faltava ao mundo? O repouso. Com o sabá veio o repouso e, com ele, a obra da Criação estava terminada e pronta"[136]. O repouso do sabá não representa uma simples sequência ao trabalho de Criação. Antes, só ele leva a Criação a seu termo. O mundo criado por seis dias é similar à câmara nupcial; falta-lhe, porém, a noiva. Só com o sabá chega a noiva[137]. A festa do sabá é um casamento e um Tempo-Áureo, um tempo que não passa. O sabá não é um dia de repouso depois do ato de Criação em que Deus se recuperaria do cansativo trabalho da Criação. O repouso é, antes, o núcleo essencial da Criação. Só o sabá concede à Criação uma consagração divina. Divino é o repouso, a inatividade. Sem o repouso, o ser humano perde o divino.

Uma passagem de John Adams, admirado por Arendt e por ela citado em seu ensaio *Revolução e liberdade*, expressa inconfundivelmente sua postura espiritual: "É na ação, e não

---

[136] *Raschi Kommentar zu den fünf Büchern Moses.* Budapeste, 1887, p. 5.

[137] HESCHEL. *Der Sabbat.* Op. cit., p. 47.

no repouso, que temos o bem-estar"[138]. Por mais que se trate de uma pensadora judia, falta ao pensamento de Hannah Arendt qualquer dimensão sabática. O messianismo da liberdade e da ação anima seu pensamento. Segundo Arendt, a Criação não se consuma com o sabá, mas com a criação da liberdade humana. O que é o divino não é o repouso do sabá, mas a liberdade como princípio do novo começo:

> Com a criação do ser humano, o princípio do começo (que na criação do mundo ainda estava nas mãos de Deus e, portanto, fora do mundo) aparece no próprio mundo e permanecerá imanente a ele enquanto houver seres humanos; o que, naturalmente, em última instância, não quer dizer outra coisa senão que a criação do ser humano como um "alguém" coincide com a criação da liberdade[139].

Segundo Arendt, não é que antes da criação do ser humano "não havia nada, senão que

---

138 ARENDT, H. *Zwischen Vergangenheit und Zukunft*. Op. cit., p. 247.

139 ARENDT, H. *Vita activa oder Vom tätigen Leben*. Munique, 1981, p. 216.

não havia ninguém". O ser humano é "alguém" à medida que ele age; isto é, à medida que põe algo novo no mundo.

Também do mundo grego Arendt elimina a dimensão contemplativa. A *polis* grega consiste, como se sabe, de três espaços: *oikos, ágora* e *temenos*. Arendt não concede nenhuma atenção ao *temenos* enquanto esfera da contemplação religiosa, ao passo que totaliza a esfera política como a *polis em geral*. Por isso, ela contrapõe o político ao *oikos*, ao âmbito da casa, da manutenção da casa e da família, nas quais ela situa a carência e a necessidade da vida crua. Os seres humanos só são livres quando abandonam a casa e entram no espaço político. Arendt idealiza a *polis* grega como uma utopia do político, como uma sublime esfera da liberdade. A *polis* é o "palco" do "alguém" que almeja a glória e o reconhecimento e mesmo a imortalidade, que é animado pela paixão de ser o "melhor" e de conseguir o "extraordinário":

> A *polis* tinha a tarefa de disponibilizar regularmente as oportunidades por meio das quais se pudesse obter a "glória imortal"; ou seja, de organizar as ocasiões sob as quais

> qualquer um pudesse se destacar e exibir, por palavras e feitos, quem ele era em sua singular distinção[140].

A concepção de *polis* de Arendt se baseia na necessidade de redenção. A *polis* deve cuidar para que "a mais passageira de todas as atividades dos mortais", a saber, a ação, alcance a "eternidade". A *polis* é um "palco perpétuo" no qual só há "entrada, mas não saída". Somente a ação política concede ao ser humano a imortalidade. O esforço pela glória imortal é o que move a história.

Segundo Arendt, somente um "alguém" que se apresenta e que expõe sua singularidade diante de um público pode reivindicar realidade para si. Quem não age tem apenas um "sentimento de vida" animalesco. A vida fora do palco político é animalesca. Falta-lhe o "sentimento de realidade": "em termos humanos e políticos, realidade e aparência se equivalem"[141]. Viver e agir coincidem inteiramente. Do modo como Arendt compreende a vida, não há lugar para a *vida contemplativa*;

---

140 Ibid., p. 190.

141 Ibid., p. 192.

vida que não necessita de nenhum "palco" ou "aparência", mas que, de todo modo, é tudo menos animalesca. O "sentimento de realidade" que se deve apenas à ação; ou seja, ao atuar e produzir um efeito, reprime completamente o *sentimento de ser*. O *sentimento de festividade*, no qual é possível experienciar uma realidade superior, é estranho a Arendt.

Arendt suprime o *temenos* da *polis* grega. *Temenos* é um espaço sagrado recortado do espaço público que é reservado às divindades; um *peribolos* (literalmente um cercadinho ou um cercado), ou seja, um espaço cercado, uma área do templo delimitado por muros. *Temenos* é um *templum*, um lugar consagrado e sagrado, um templo, um lugar do ver contemplativo. A palavra "contemplação" remonta a *templum*. Utilizado em sentido filosófico, o *temenos* é um reino de ideias imortais: "Nesse espaço separado se encontram as ideias. Elas são não espaciais e não temporais. É possível se tornar consciente delas quando se vê com a visão teorética"[142].

---

142 FLUSSER. *Kommunikologie weiter denken*. Op. cit., p. 237.

O *temenos* paira sobre a *polis* e a domina. Por isso, ele frequentemente está situado na colina. A *polis* grega é impensável sem essa *acrópolis* (literalmente cidade elevada ou cidade superior). Na acrópole, vigora o divino: "No interior desse espaço, valem outras regras do que as de fora. O que ocorre aqui é realizado enfaticamente em vista da divindade, e o que se encontra aqui é e permanece posse da divindade"[143]. A acrópole é tudo, menos o "palco" de "alguém". O *pathos* da ação não é uma relação adequada ao *temenos*. Nas ações cultuais, os seres humanos simplesmente se fundem em um corpo coletivo que não permite nenhuma individualidade de "alguém". São os deuses que aparecem no *temenos* e têm a palavra.

Na sua viagem à Grécia, Heidegger tem em mente a acrópole quando escreve sobre a *polis*: "[…] Essa *polis* não conhecia, assim, a subjetividade como medida de toda objetividade. Ela se submetia ao jugo dos deuses, que, por sua

---

143 HÖLSCHE, T. Die griechische Polis und ihre Räume: Religiöse Grenzen und Übergange. In: GUGGISBERG, M.A. (ed.). *Grenzen in Ritual und Kult der Antike*. Basileia, 2013, p. 47-68; aqui, p. 54.

vez, estavam submetidos ao destino, à Moira"[144]. Arendt reinventa a *polis* grega ao apresentá-la como palco da liberdade e da ação. A dimensão cultual da *polis* grega é, com isso, completamente ocultada. Festas dos deuses não existem na *polis* de Arendt. Festas, rituais e jogos não têm nenhum lugar em seu pensamento, determinado unicamente pelo *pathos* da ação.

Arendt idealiza a *polis* grega como um "corpo político inconformista" "o mais individualista possível", "que conhecemos pela história"[145]. Permanece misterioso, todavia, o que ocorre de fato nesse espaço político sacralizado. A *polis*, como utopia do político, resiste a uma determinação mais exata de seu conteúdo. A aluna de Arendt, Judith N. Shklar, observa:

> O próprio sonho político de Arendt permaneceu ligado à *polis*. Apesar de tudo o que nos relata Aristóteles, ela nunca expressou claramente o que, afinal, acontecia

---

144 HEIDEGGER, M. *Zu Hölderlin: Griechenlandreisen – Gesamtausgabe*. Vol. 75. Frankfurt, 2000, p. 251.

145 ARENDT, H. *Vita activa oder Vom tätigen Leben*. Op. cit., p. 43.

> nesse "espaço público" abençoado. De fato, sabemos que havia intensas batalhas entre pobres e ricos, bem como sobre quem e de que maneira se deveria conduzir a guerra contra outras *poleis*[146].

A *polis* nunca esteve livre de "questões sociais" que Arendt, com desprezo, quis relegar ao reino da necessidade, ao âmbito da vida crua. Também a *Apologia* de Platão faz estremecer o retrato ideal da *polis* de Arendt. Sócrates critica, ali, o conformismo que impera na *polis*:

> Pois, como sabeis, atenienses, se há muito tempo eu me tivesse ocupado com os negócios públicos (*politiká prágmata*), há muito, também, já teria deixado de existir, sem ter sido de nenhuma utilidade nem para vós nem para mim. Não vos zangueis por vos dizer a verdade; mas é fato que não escapará de morrer quem quer que se vos oponha sem temor ou a qualquer outra assembleia popular, para impedir que na cidade se pratiquem injustiças ou iniquidades[147].

---

146 SHKLAR, J.N. *Über Hannah Arendt*. Berlim, 2020, p. 102.

147 PLATÃO. *Apologia de Sócrates*. Trad. C.A. Nunes. Belém: Editora UFPA, 1980, p. 31d.

Falar livremente e dizer a verdade (*parrhesia*) é perigoso na *polis*. Quem, por motivos nobres, expressa a verdade e se opõe, assim, à vontade da multidão, corre o risco de ser morto.

O pensamento de Arendt se nutre da utopia do político. O político, no qual Arendt situa a liberdade humana, é o raio de luz redentor que interrompe a "escuridão da criatura", a obscuridade da vida crua, e a eleva à "claridade do humano". Para Arendt é válido o seguinte: *ser* é bestial. O humano é *a ação*. Arendt concede ao político uma dignidade ontológica, soteriológica. Ela eleva a *polis* a um "espaço cercado do livre fazer e da palavra viva", que faz a vida humana "reluzir"[148].

A *polis* é um espaço "cercado" da liberdade. Falta, ao original em inglês [de John Adams], a expressão *eingezäunter*, "cercado". Ao transpô-lo para o alemão, Arendt acrescenta a palavra. A *ágora* como espaço público é, na verdade, aberta. Cercado é apenas o *temenos*. Inconscientemente, Arendt transforma a *polis* grega em *templo da liberdade*.

---

148 ARENDT, H. *Über die Revolution*. Op. cit., p. 40s.

A expressão "cercado" revela muito sobre a constituição do político em Arendt. Ela ergue cercas elevadas para a *polis* a fim de protegê-la de todas as forças que emaranham o ser humano na vida crua da criatura, no reino da necessidade. Só a liberdade da ação como núcleo essencial do político distingue o ser humano dos "meros seres vivos" que "vivem e morrem como animais". O ser humano chega ao reino da liberdade quando se livra da "servidão dos processos vitais biológicos"[149]. Unicamente a liberdade da ação livra os seres humanos da urgência e da necessidade da vida crua. Ela marca o momento do *segundo nascimento*, que eleva o ser humano acima da condição de criatura: "falando e agindo intervimos no mundo dos seres humanos, mundo que existia antes de termos nascido nele, e essa intervenção é um segundo nascimento"[150].

A utopia do político de Arendt é mais bem expressa em sua ideia de revolução. A

---

149 ARENDT, H. *Vita activa oder vom tätigen Leben.* Op. cit., p. 37.

150 Ibid., p. 165.

revolução é, segundo Arendt, a manifestação suprema da liberdade humana. Ela é o sinônimo da liberdade como novo começo:

> O que as revoluções colocaram novamente no primeiro plano das experiências humanas foi a experiência do agir-em-liberdade, [...] a experiência da capacidade humana de poder começar algo novo. [...] Apenas onde esse *pathos* do novo começo predomina e está ligado a ideias de liberdade temos o direito de falar de revoluções[151].

Arendt projeta sua utopia do político na revolução. O objetivo da revolução, portanto, não é a libertação da necessidade, miséria, fome, pobreza, injustiça e opressão, mas a fundação da liberdade. Mesmo a expansão de direitos civis inalienáveis a toda a humanidade não é revolucionária. Como liberdade de obrigações ilegítimas, ela significa apenas uma liberdade negativa; ou seja, uma libertação. Verdadeiramente revolucionário só é a fundação da liberdade que concede a todos o acesso ao espaço público. A libertação é apenas uma condição

---

151 ARENDT, H. *Über die Revolution*. Op. cit., p. 40s.

necessária para a liberdade como forma de vida política. Da libertação como liberdade negativa não se segue necessariamente a liberdade como participação na vida pública.

A sublime ideia de Arendt da liberdade, ou mesmo seu messianismo da liberdade, relega todas as questões sociais e o social em geral para o reino da necessidade. O político é completamente desacoplado do social. O social encarna a vida crua que impede a entrada no reino da liberdade. Segundo Arendt, a Revolução Francesa fracassa, justamente, pelo social. A miséria das massas humanas representa um "obstáculo à liberdade." A necessidade urgente das massas e sua tentativa de dela se libertar não são favoráveis à concretização da ideia da liberdade. O político permanece fechado ao povo que se reduziu à vida crua. A urgência social, com a sua miséria, aparece no palco político e sufoca a ideia germinante da liberdade: "Se fosse verdade que todos os envolvidos, movidos pela miséria do povo, de repente concordassem que o objetivo de revoluções deveria ser a felicidade e bem-estar do povo – *'le but de la Révolution est le bonheur du peuple'* –, então um regime despótico suficientemente esclarecido seria possivelmente mais apropriado do que uma república"[152]. A felicidade não é tarefa da política. Ela pertence, tal como a miséria, ao reino da necessidade.

Em última instância, a interpretação de Arendt da Revolução Francesa é não política. As massas humanas desesperadas entram no palco político justamente quando avançam pelas ruas de Paris e se tornam publicamente visíveis. Genuinamente política é a tentativa de se libertar da invisibilidade à qual elas foram condenadas por aqueles no poder. O caráter apolítico da interpretação de Arendt da Revolução Francesa deve ser atribuído, paradoxalmente, à sua concepção utópica do político. No palco do político não entra nenhuma massa, nenhum povo, mas apenas um "alguém" que, em sua particularidade, brilha e busca pela glória imortal. O povo se reduziu irremediavelmente à vida crua.

A ideia de Arendt sobre a ação faz com que a Revolução Americana apareça sob uma

---

[152] ARENDT, H. *Freiheit, frei zu sein*. Munique, 2018, p. 32.

luz positiva. Segundo Arendt, os homens da Revolução Americana teriam tido a sorte de não serem confrontados com os obstáculos à liberdade; ou seja, com o social. Eles deveram o seu sucesso à "invisibilidade dos escravos"[153], à circunstância de que eles permaneceram em sua invisibilidade. É assim que os *hommes de lettres* puderam permanecer separados do resto e, imperturbados pela miséria dos negros, levar à prática sua ideia de liberdade. A libertação dos escravos não é, para Arendt, um ato político, pois eles são, e isso soa hoje muito cínico, "menos acorrentados pela opressão política do que pelas necessidades básicas da vida"[154]. Arendt oculta as conquistas da Revolução Francesa, tal como a dissolução da nobreza e da servidão, que foram atos genuinamente políticos e que fazem da Revolução Francesa mais significativa do que a Americana.

Questões sociais não fazem parte, para Arendt, do político, dessa esfera da liberdade. Inundar os debates públicos com eles parece,

---

153 Ibid., p. 24.

154 Ibid., p. 25.

para Arendt, uma "praga"[155]. O social tem a ver apenas com a vida crua bestial. O político tem de se distanciar dele. Arendt chama a atenção para o fato de que "o pensamento político da Antiguidade, segundo o qual todo o econômico está ligado ao que se precisa para a vida crua e, por isso, à necessidade, não estava tão errado quando pensava que o econômico, seja na manutenção da família ou na manutenção do Estado [...] não poderia desempenhar nenhum papel na *polis*, no reino do político"[156].

O raio redentor do político dissolve o social e o econômico. Na definição de Lenin da Revolução de Outubro como "eletrificação dos sovietes", Arendt vê uma "separação inteiramente não marxista de economia e política", "do progresso técnico como solução das questões sociais na Rússia e o sistema dos sovietes como nova forma de Estado." Seria surpreendente ouvir da boca de um marxista "que a necessidade e a pobreza deveriam

---

155 BENHABIB, S. *Hannah Arendt – Die melancholisch Denkerin der Moderne*. Frankfurt, 2006, p. 248.

156 ARENDT, H. *Die Ungarische Revolution und der totalitäre Imperialismus*. Munique, 1958, p. 42s.

ser resolvidas não por meio da socialização dos meios de produção e do socialismo, mas por meio da industrialização"[157]. Necessidades sociais e pobreza pertencem ao técnico, e não ao político. Arendt ignora o fato de que o capitalismo industrial nos séculos XVIII e XIX aumentou extremamente a pobreza na Europa, e que a industrialização, entregue a si mesma e removida de qualquer controle político, leva ao terror.

Arendt contesta repetidamente a interligação entre pobreza e política. Seria importante "não ignorar o fato de que a pobreza não pode ser vencida por meios políticos"[158]. A pobreza seria de natureza meramente técnica. Nada seria "mais antiquado e superficial do que tentar libertar a humanidade da pobreza por meios políticos, isso para não falar que nada seria mais em vão e mais perigoso"[159]. Haveria "hoje a esperança muito justificada de que, com a continuação do desenvolvimento das ciências

---

157 ARENDT, H. *Über die Revolution*. Op. cit., p. 82.

158 ARENDT, H. *Zwischen Vergangenheit und Zukunft*. Op. cit., p. 249.

159 ARENDT, H. *Über die Revolution*. Op. cit., p. 145.

naturais e com sua tecnologia, seriam abertas possibilidades, em um futuro não tão distante, de lidar com essas circunstâncias econômicas com bases técnicas e científico-naturais, fora do âmbito das considerações políticas"[160]. Toda tentativa de resolver questões sociais com meios políticos terminaria em "terror".

Arendt teria de se despedir daquela ideia sublime do político a fim de reconhecer que escravidão, fome e miséria remontam, em primeiro lugar, a causas políticas e econômicas, que questões sociais são sempre de natureza política, que os seres humanos, que hoje são explorados ou morrem de fome, são vítimas da violência estrutural em um sistema dominado pelo capitalismo global. Assim escreve Jean Ziegler de maneira lapidar: "Uma criança que morre de fome é assassinada"[161]. Fome e miséria retratam relações de dominação globais que desenvolvem uma violência assassina. A utopia do político de Arendt é cega diante das

---

160 ARENDT, H. *Zwischen Vergangenheit und Zukunft*. Op. cit., p. 249s.

161 ZIEGLER, J. *Wir lassen sie verhungern – Die Massenvernichtung in der Dritten Welt*.

relações de poder e de dominação pelas quais o espaço econômico é atravessado. O espaço político como "palco" do "alguém" acaba se mostrando como um construto apolítico.

A tentativa repetida de Arendt de isolar o espaço político do econômico e do social se deve a seu *messianismo da liberdade*, à sua *necessidade soteriológica* de erigir um espaço da liberdade para além das urgências e necessidades da vida crua. Evoca-se sempre o "milagre" que "redimirá o ser humano uma outra vez"[162]. Arendt fundamenta a sua esperança messiânica no nascimento de Jesus: "Esta fé e esta esperança no mundo talvez nunca tenham sido expressas de modo tão sucinto e glorioso como nas breves palavras com as quais os evangelhos anunciaram a 'boa-nova': 'Nasceu uma criança entre nós'"[163].

É estranha à *polis* grega, que Arendt idealiza como exemplo radiante da liberdade, o *pathos* do novo e do novo começo. Ele surge, antes, do espírito da modernidade. A ênfase no

---

162 ARENDT, H. *Freiheit, frei zu sein*. Op. cit., p. 36.

163 ARENDT, H. *A condição humana*. Rio de Janeiro: Forense Universitária, 2007, p. 259.

absolutamente novo, que se apodera primeiramente das ciências da modernidade, também fundamenta o espírito da Revolução Francesa. A própria Arendt localiza o *pathos* do novo na modernidade:

> É como se o peculiar *pathos* do novo enquanto novo tivesse precisado de duzentos anos para entrar na esfera do político, saindo da relativa reclusão em especulações científicas filosóficas. [...] Só no curso do século XVIII e de suas revoluções surge uma consciência de que também poderia haver o absolutamente novo no político, de que, portanto, o novo seria algo que poderia ser entregue na mão do ser humano agente[164].

É um gesto de revolta contra o espírito da modernidade aquele de Kierkegaard, que degrada o novo em favor da "repetição". Segundo Kierkegaard, "é apenas do novo que se enjoa, nunca do velho". O velho é o "pão de cada dia, que sacia com a bênção"[165]. O pão de cada dia

---

164 ARENDT, H. *Über die Revolution*. Op. cit., p. 56s.

165 KIERKEGAARD, S. *Die Wiederholung*. Hamburgo, 1961, p. 8.

não é atrativo. Apenas o que não é atrativo permite a repetição. A repetição descobre uma intensidade na falta de atratividade. Apenas o *antigo* é repetível.

O *pathos moderno* do novo dissolve o *ser* no *processo*. Sob as condições do novo, nenhuma vida contemplativa é possível. Contemplação é repetição. O *pathos da ação*, que se liga agora com a ênfase no novo, introduz muita inquietação no mundo. Arendt compreende a ação como um processo aberto que não conhece um objetivo no qual possa estar em paz. A ação não se limita simplesmente a levar a cabo o plano que no começo se tinha diante dos olhos. Sua realização depende, antes, "de que a liberdade seja constantemente confirmada, de que novos começos, por assim dizer, fluam novamente para o que já foi iniciado"[166]. Se a ação deixa de provocar novos começos nos processos, então os processos postos em movimento pela liberdade se enrijecem em um automatismo, que "não [é] menos nocivo" do que o "au-

---

166 ARENDT, H. *Zwischen Vergangenheit und Zukunft*. Op. cit., p. 224.

tomatismo dos processos naturais"[167]. Assim que diminui a força do novo começo, começa a decadência. Em grande parte, a história humana consiste de processos automáticos, que são apenas episodicamente interrompidos pela ação: "[...] sabemos que tais processos de declínio podem durar centenas de anos, que eles, presumivelmente, no que diz respeito ao puramente quantitativo, tomam de longe o maior espaço da história que nos é transmitida"[168]. Todas as épocas históricas que não são interpostas por novos começos são entregues à decadência. Para Arendt, a história corre sem qualquer objetivo. Apenas novos começos permanentes a impedem de se petrificar e de cair em uma rigidez fatal, em um perigoso automatismo.

É questionável que a continuação da existência do ser humano dependa de que a liberdade seja constantemente reafirmada, de que novos começos sejam postos incessantemente no mundo. O *pathos* do novo e do novo

---

[167] Ibid, p. 225.

[168] Ibid.

começo desenvolve traços destrutivos, se não for inibido por aquele *outro espírito* que Nietzsche chama do "gênio da meditação". Justo Nietzsche, como pensador da transvaloração de todos os valores, recusa a ênfase cega no novo. É certo que ele reconhece os pregadores do novo, mas nunca perde de vista a necessidade da vida contemplativa. Assim, ele contrapõe os pregadores do novo aos grandes espíritos contemplativos, que ele chama de "lavradores do espírito":

> Até agora foram os espíritos mais fortes e maus que fizeram a humanidade avançar mais longe: eles sempre inflamaram as paixões que adormeciam – toda sociedade em ordem faz adormecerem as paixões –, eles sempre despertaram o senso da comparação, da contradição, do gosto pelo novo, ousado, inexperimentado, eles obrigaram os homens a contrapor opiniões a opiniões, modelos a modelos. Na maioria das vezes com as armas, derrubando marcas de fronteiras, violando piedades: mas também com novas religiões e morais! A mesma "maldade" que torna famigerado um conquistador se acha

> em cada pregador e mestre do *novo* [...]. Mas o novo é, em todas as circunstâncias, o mau, aquilo que deseja conquistar, lançar por terra as antigas marcas de fronteira e as velhas piedades; e somente o antigo é bom! Os homens bons de cada época são os que cavam fundo nos velhos pensamentos e os fazem dar frutos, os lavradores do espírito[169].

Entre os lavradores do espírito, Nietzsche inclui os "grandes moralistas" como Pascal, Epiteto, Sêneca e Plutarco. Que o nosso tempo seja pobre de tais lavradores do espírito se deve, segundo Nietzsche, à perda da *vita contemplativa*. A crise da modernidade remonta, segundo Nietzsche, ao fato de que fomos inteiramente abandonados por aquele *gênio da contemplação*, de que aquele "arado dos maus", mesmo que eles também ajam em conformidade a fins e, sem dúvida, tenha seu sentido histórico, expulsaram todos os lavradores do espírito. Arendt, como pregadora do novo, absolutiza o novo e o converte no bem geral que deve proteger a humanidade do declínio.

---

169 NIETZSCHE, F. *A gaia ciência*. São Paulo: Companhia das Letras, 2017, § 4.

Arendt torna a *própria sociedade* antípoda da liberdade, já que a sociedade administra a vida crua. A sociedade é uma simples expansão e extensão do *oikos*, da manutenção da casa e da família, para o espaço público. Arendt atribui à sociedade aquele conformismo inerente à família, na qual só há "uma perspectiva". Na sociedade, o "social", a vida crua, chega a ser o dominante. Ela exclui "em todos seus estados de desenvolvimento" a ação, assim como o *oikos* o fazia antes. À medida que a sociedade estende o lar privado à esfera pública, cuja prioridade é o processo vital da espécie, triunfa a sobrevivência do gênero humano, fazendo com que "o ser autenticamente humano do humano", a saber, a liberdade da ação, desapareça.

A sociedade se consuma, segundo Arendt, na sociedade de massas moderna: "A sociedade de massas mostra a vitória da sociedade em geral"[170]. Na sociedade de massas moderna, concretiza-se um "império do

---

170 ARENDT, H. *Vita activa oder Vom tätigen Leben*. Op. cit., p. 42.

ninguém". O "alguém", como sujeito da ação, é reprimido. Em muitos aspectos, o império do ninguém se assemelha àquela ditadura do "impessoal", que Heidegger também caracteriza como "ninguém". O império do "impessoal" heideggeriano reprime, igualmente, a *"possibilidade para agir"*[171]. Na sociedade de massas, o lugar da ação é substituído por uma "conduta" "que é esperada de todos pela sociedade, cada qual à sua maneira, e que, para tanto, prescreve-se incontáveis regras; todas com a mesma finalidade de normalizar os indivíduos socialmente, torná-los aptos à vida em sociedade e impedir uma atuação espontânea e realizações extraordinárias"[172].

O "tornar igual" é o traço essencial da sociedade. Arendt contrapõe a igualdade [*Egalität*] moderna, que se baseia no conformismo inerente à sociedade, à igualdade [*Gleichheit*] da *polis* grega:

> Fazer parte do sempre pequeno número de "iguais" (*homoioi*) significa, ali, que se pode levar sua

---

[171] HEIDEGGER, M. *Sein und Zeit*. Op. cit., p. 294.

[172] ARENDT, H. *Vita activa oder Vom tätigen Leben*. Op. cit., p. 169.

> vida entre iguais por nascimento, o que já equivalia, em si e por si mesmo, a um privilégio; mas a *polis*, ou seja, o próprio espaço público, era o lugar das competições mais intensas e implacáveis, nas quais cada um tinha de se destacar constantemente diante de todos os outros, de provar por meio de feitos, palavras e realizações extraordinárias, que ele vivia como um "dos melhores" *(aien aristeúein)*. Em outras palavras, o espaço público era, justamente, reservado ao não mediano; cada um deveria, neste espaço, poder mostrar como ele ia além do mediano[173].

Na sociedade de massas, o "impessoal" mediano toma, enquanto ninguém, o poder. Aqui, tudo é nivelado ao mediano. Arendt suprime o fato de que também na *polis* grega, que já era uma "sociedade", dominou um conformismo. A condenação de Sócrates prova isso.

A concepção de Arendt de que a sociedade seria apenas uma extensão da casa e da família torna impossível uma análise minuciosa da sociedade; uma análise que identifique

---

173 Ibid.

diferentes tipos de sociedade e examine seus modos de funcionamento. Na base do "império do ninguém" estão, na verdade, estruturas de poder. Toda sociedade, inclusive a *polis* grega, é uma formação de poder, um regime que torna o ser humano um *sujeito*; ou seja, um *submetido*. Mesmo o corpo já é resultado de uma ação do poder. Nisso se fundamenta a ideia de "biopoder" de Foucault. A bio*política* forma e administra corpos humanos. No regime disciplinar no qual se baseia o capitalismo industrial, ela produz corpos dóceis. Uma coação cuidadosamente calculada atravessa todas as partes do corpo e faz "daquela massa sem forma, daquele corpo inapto", uma "máquina"[174]. O corpo dócil do regime disciplinar não é idêntico ao corpo que, hoje, otimizamos com aplicativos de fitness.

A teoria da sociedade de Arendt não é capaz de analisar aqueles mecanismos de poder que produzem os regimes das respectivas sociedades. Ela não é capaz de explicar nem a

---

174 FOUCAULT, M. *Überwachen und Strafen – Die Geburt des Gefängnisses*. Frankfurt, 1977, p. 173.

passagem do regime disciplinar para o regime neoliberal nem o desenvolvimento do capitalismo industrial em capitalismo de vigilância. À medida que Arendt eleva o político a uma grandeza exclusiva e o desacopla da sociedade, ela se fecha àqueles processos políticos ligados ao poder econômico que estabilizam uma sociedade enquanto regime.

Não é apenas a ação política que introduz algo novo no mundo e traz uma nova ordem das coisas e da vida, já que *toda mídia é revolução*. Cada nova mídia tem por consequência um novo regime, à medida que estabelece novas estruturas de poder. Com a industrialização, começa o regime disciplinar. O poder adquire, ele mesmo, uma forma maquinal. O poder disciplinar introduz as pessoas nas engrenagens da máquina panóptica. A digitalização produz o regime de informação[175], cuja *psicopolítica* vigia e conduz a ação por meio de algoritmos e de inteligência artificial.

A ideia de Arendt de sociedade de massas não abrange os desenvolvimentos sociais

---

175 Cf. HAN, B.-C. *Infocracia*. Petrópolis: Vozes, 2022 [N.T.].

atuais. A massa está perdendo, hoje, seu sentido. Não por acaso, fala-se de "sociedade das singularidades". O que hoje se evoca é a criatividade e a autenticidade. Cada um se considera único. Cada um tem sua própria história para contar. Todo mundo performa. A *vita activa* se exterioriza, agora, como *vita performativa*. Também se está atiçando a ênfase no novo. O novo deve possibilitar uma vida intensa. Desconfia-se do antigo. Também as assim chamadas *Startups* evocam a criatividade e a inovação e prometem o novo. A ênfase no novo e do novo começo de Arendt está, portanto, em consonância com o espírito do tempo de hoje.

A sociedade de massas de Arendt totaliza o mediano e reprime o individual e o extraordinário, dificultando a ação e a fala. Ela não permite nenhuma "realização extraordinária", posto que "ela não tem lugar". Desaparece, assim, aquele "espaço mundano" "no qual seres humanos se destacam e o extraordinário pode encontrar o lugar que lhe é devido". Essa sociedade de massas, que Arendt compreende como a forma consumada de sociedade, é diametralmente oposta à sociedade atual. Há muito tempo já abandonamos a sociedade industrial de massas. No regime neoliberal, ela se transforma em *sociedade do desempenho*. Agora, competimos no aumento de rendimentos. O regime neoliberal não é repressivo. Ao invés disso, a dominação toma uma forma *smart* e se manifesta como apelo permanente a mais desempenho. Essa coação sutil ao desempenho é interpretada, de modo fatal, como liberdade. Hoje, nós nos exploramos de livre e espontânea vontade e acreditamos que *estamos nos realizando*. Entregamo-nos ao culto do eu, à missa do eu, na qual cada um é o sacerdote de si mesmo. A pressão de autenticidade é estranha à sociedade de massas. Em oposição à sociedade de massas, dominada pelos meios de comunicação de massa, na era das mídias digitais a capacidade de falar não é debilitada. Muito pelo contrário. Cada um é, hoje, produtor e transmissor. Cada um produz a si mesmo. Somos atordoados pelo barulho da comunicação.

Segundo Arendt, a singularidade do ser humano se revela somente na ação. Em oposição às propriedades ou habilidade que ele possui e tem sob controle, o "Quem-é-uma-pessoa-em-cada-caso-particular" está sempre oculto ao próprio agente, pois ele se releva apenas "involuntariamente" na ação. Por isso, apenas os outros sabem quem o agente realmente é:

> É quase certo que, embora apareça de modo claro e inconfundível para os outros, o "Quem" permaneça invisível para a própria pessoa, à semelhança do *daimon*, na religião grega, que seguia atrás de cada pessoa durante toda a vida, olhando-lhe por cima do ombro, de sorte que só era visível para os que estavam à sua frente, nunca para si próprio[176].

Contrariamente à suposição de Arendt, o *daimon* dos gregos não era perceptível aos outros. Ele se mostrava ocasionalmente, mas dirigindo-se exclusivamente à pessoa em questão. Os outros, porém, nada sabiam a esse respeito. Na *Apologia* de Platão, Sócrates narra que o *daimon* toma a palavra a fim de impedi-lo de fazer aquilo que ele pensava em fazer:

---

176 ARENDT, H. *A condição humana*. Rio de Janeiro: Forense Universitária, 2007, p. 192 [tradução modificada].

> Decerto a muita gente parecerá estranho que eu andasse pela cidade e me afanasse em aconselhar particularmente os outros, e nos assuntos públicos não tivesse ânimo de frequentar as assembleias e dar conselhos à cidade. A razão desse fato, como já me ouvistes muitas vezes declarar por toda a parte, a encontrareis em algo divino e demoníaco que se dá comigo [...]. Isso começou desde o meu tempo de menino, uma espécie de voz que só se manifesta para dissuadir-me do que eu esteja com intenção de praticar, nunca para levar-me a fazer alguma coisa. Isso é que se opõe a que me ocupe com política[177].

A voz misteriosa do *daimon* diz: *Pare!* Ela impede Sócrates de agir. Ela é, claramente, um *gênio da inatividade*.

O *daimon* grego corresponde ao gênio romano, que está presente em todo nascimento como deus da proteção: "Ele se chama meu gênio porque ele me gerou" (*Genius*

---

[177] PLATÃO. *Apologia de Sócrates*. Trad. C.A. Nunes. Editora da UFPA, 1980, 31c ss.

meus nominatur, quia me genuit)[178]. O gênio nos acompanha do nascimento até a morte. Ele é, de fato, o mais próximo de nós, mas, ao mesmo tempo, é o impessoal em nós, "a personificação de algo que está em nós, mas que nos supera e nos excede"[179]. Devemos a ele o conhecimento "de que o ser humano não é apenas o Eu e a consciência individual". No gênio, despedaça-se a "pretensão do Eu de bastar a si mesmo". Diante de sua presença, não é possível "nos encapsularmos em uma identidade substancial"[180].

Os atributos que nos tornam *alguém* não são *geniais*; ou seja, não são próprios ao gênio. Encontramos o gênio quando retiramos os atributos, a máscara que portamos conosco no palco da ação. O gênio revela, por trás da máscara, um rosto que está esvaziado de propriedades. Esse *semblante sem propriedades* se opõe àquele "Quem-é-uma-pessoa-em-cada--caso-particular", que Arendt liga à ação. O ser

---

178 AGAMBEN, G. *Profanierungen*. Frankfurt, 2005, p. 7.
179 Ibid., p. 9.
180 AGAMBEN, G. *Profanierungen*. Op. cit., p. 10.

humano só é *sem propriedades* fora do palco da ação. No brilho da inatividade, somos um *ninguém* em um sentido específico[181]. A inatividade caminha lado a lado com um esquecimento de si.

Viver com o gênio significa manter uma relação com uma região do não saber, da não consciência. Contudo, o gênio não transfere a experiência para o escuro, para o inconsciente, onde ela "se sedimentaria como um passado lúgubre"[182]. O contato com o gênio é, antes, uma *mística clara como o dia*, na qual o Eu presencia pacificamente sua própria dissolução. Tomados pelo gênio, ou seja, *inspirados*, deixamos de ser *alguém* e de nos enclausurarmos no Eu. No estado de fascínio, desprendemo-nos de nós mesmos. *Genial* é *estar-ao-lado-de-si-mesmo*. Isso também é uma *fórmula da felicidade*.

O fato de nascer, que nos obriga à ação, é *sem felicidade*. Aquele que somente age está

---

[181] Sobre esse sentido específico de "ninguém", cf. HAN, B.-C. *Filosofia do Zen-budismo*. Petrópolis: Vozes, 2019, cap. 3: "Ninguém" [N.T.].

[182] AGAMBEN, G. *Profanierungen*. Op. cit., p. 11.

abandonado pelo *gênio* que gera fascínio e traz felicidade. A felicidade se deve à inatividade. Não sem razão, Arendt observa com desprezo a felicidade humana: "No que diz respeito à assim chamada felicidade, não deveríamos esquecer que apenas o *animal laborans* tem a particularidade de exigi-la; jamais ocorre, quer aos trabalhadores produtivos, quer àqueles que agem politicamente, querer ser feliz ou acreditar que as pessoas mortais possam ser felizes"[183].

A "natalidade", como obrigação à ação, *emaranha-nos no tempo*. Só a inatividade nos liberta, ou nos redime, do tempo. O gênio encarna uma forma de vida inteiramente diferente: "O rosto de menino do gênio, suas longas asas trêmulas, mostram que ele não conhece o tempo"[184]. Quando festejamos o aniversário, não é para reafirmar o fato de que somos seres ativos. Antes, celebramos, no aniversário, a epifania do gênio que nos eleva

---

183 ARENDT, H. *Vita activa oder Vom tätigen Leben*. Op. cit., p. 121.

184 AGAMBEN, G. *Profanierungen*. Op. cit., p. 9.

para além do tempo. Na festa de aniversário, não nos recordamos de um dia passado. Ela é, antes, "como toda verdadeira festa, uma suspensão do tempo"[185]. A atemporalidade é a essência da festa. O tempo de festa é um tempo imóvel [*Fest-Zeit*][186]. Assim, *celebramos* a festa. Só se pode celebrar [*begehen*] aquilo que *permanece* [*steht*] e não *passa* [*vergeht*]. Celebramos a festa como se transitássemos por uma obra majestosa. Aquele que age tem objetivos diante dos olhos. *Ir a algum lugar e se esforçar por algo* é seu modo de caminhar. Aquele que apenas age não é capaz do celebrar festivo que detém o tempo. O celebrar é, sobretudo, livre de finalidade. Ele se distingue, assim, da ação, que é necessariamente ligada a uma finalidade.

A festa não tem lugar no vocabulário filosófico de Arendt. Não se fala dela em lugar nenhum. O seu *pathos* da ação arranca da vida

---

185 Ibid., p. 10.

186 Aqui, ao compor o termo *Fest-Zeit*, Han faz um jogo de palavras com os sentidos do substantivo alemão *Fest* (grafado em maiúsculo), que significa "festa", e o adjetivo *fest* (grafado em minúsculo), que pode significar, entre outras coisas, "fixo" ou "imóvel". O *Fest-Zeit*, seria, então simultaneamente, o *tempo de festa* e o *tempo imóvel*, fixo [N.T.].

toda forma de festividade. A festa é a expressão de uma vida transbordante, uma forma intensa de vida. Na festa, a vida se relaciona consigo mesma, em vez de perseguir objetivos fora de si própria. Ela desarma a ação. É por isso que no sabá todas as atividades direcionadas a objetivos são interditadas. A vida que, livre de qualquer finalidade, vibra em si mesma, constitui o repouso festivo. Não a determinação para a ação, mas a serenidade da festa nos eleva para além da vida crua. A festa ocorre fora do *oikos*. O econômico é desarmado. Formas de comportamento como desperdício ou excesso, que podem ser observadas frequentemente em festas arcaicas, apontam para o caráter antieconômico da festa. No tempo de festa, a vida não é mais sobrevivência; ao contrário da ação, que representa uma forma de sobrevivência. A festa concede à vida mais brilho do que a ação. O pensamento de Arendt se fecha inteiramente a essas formas de brilho da existência humana.

Vita activa, de Hannah Arendt, começa com a distinção entre imortalidade e eternidade. A imortalidade é um persistir e durar no interior do tempo que é próprio aos deuses, que não morrem e não envelhecem, e do cosmos imortal. Envolto pelo infinito, o ser humano, como ser mortal, busca pela imortalidade ao criar obras que permanecem. A busca pela imortalidade, pela glória imortal, é, segundo Arendt, "a fonte e o centro da *vita activa*"[187]. O ser humano conquista sua imortalidade no palco do político. Em contrapartida, o objetivo da *vita contemplativa* não é, segundo Arendt, o persistir e durar no tempo, mas a experiência do eterno, que transcende tanto o tempo como também o mundo circundante. Ela ocorre fora das circunstâncias humanas; ou seja, fora do político. Contudo, nenhum ser humano consegue, prossegue Arendt, demorar-se na experiência do eterno. Ele precisa retornar ao seu mundo circundante. Tão logo, porém, um pensador abandona a experiência do eterno e começa a escrever, ele se entrega à *vita activa*, cuja finalidade última é a imor-

---

[187] ARENDT, H. *A condição humana*. Rio de Janeiro: Forense Universitária, 2007, p. 28 [tradução modificada].

talidade. Assim, Arendt chega a uma tese que gera muito estranhamento:

> Pois é óbvio que, por mais que um pensador se preocupe com a eternidade, no instante em que se dispõe a escrever os seus pensamentos deixa de estar fundamentalmente preocupado com a eternidade e volta a sua atenção para a tarefa de legar aos pósteros algum vestígio deles. Adota a *vita activa*, ele se tornou "ativo" e, desse modo, entregou-se às regras e caminhos que podem levar a perdurar e possivelmente à imortalidade, mas não à eternidade[188].

Arendt então se admira com o Sócrates que não escreve, que renuncia voluntariamente à imortalidade. Claramente, a própria Arendt pensou e registrou seus pensamentos com a intenção de ser imortal. Seu conceito muito restrito de *vita contemplativa* torna impossível descrevê-lo em suas muitas camadas e variedades. Mesmo a escrita pode ser uma contemplação que nada tem a ver com a busca pela imortalidade.

---

188 Ibid., p. 25.

Arendt interpreta a *vita contemplativa* como fuga do mundo. Ela tenta comprovar essa tese ao reproduzir, de modo distorcido, a alegoria da caverna de Platão:

> A experiência do eterno tal como a tem o filósofo [...] só pode ocorrer fora da esfera dos negócios humanos e fora da pluralidade dos homens [...]. É o que vemos pela alegoria da caverna, na *República* de Platão, na qual o filósofo, tendo-se libertado dos grilhões que o prendiam aos seus semelhantes, emerge da caverna, por assim dizer, em perfeita "singularidade", nem acompanhado nem seguido de outros. [...] nenhuma criatura viva pode suportá-la durante muito tempo. [...] a vida mesma obriga os seres humanos a retornarem à caverna, onde eles vivem, novamente, "entre eles"[189].

A alegoria da caverna de Platão conta, na verdade, uma história inteiramente diferente. Ela é o relato de um filósofo que se liberta das correntes que o prendem e a seus companheiros

---

189 Ibid. [tradução modificada].

às sombras que oscilam diante deles, as quais eles consideram a única realidade. Ele abandona a caverna em busca da verdade. Platão pede a Glauco para imaginar: o que aconteceria se o filósofo, depois de ter visto a verdade fora da caverna, voltasse a ela e tentasse libertar os presos de suas ilusões? Sua ação, que se realiza como *dizer a verdade* (*parrhesia*), coloca-o em perigo de ser morto pelos presos. Assim, a alegoria da caverna de Platão termina com a seguinte passagem: "E se porventura ele procurasse libertá-lo e conduzi-los para cima, caso fosse possível aos outros fazer uso das mãos e matá-lo, não lhe tirariam a vida?"[190] Platão contrapõe o regime mitológico, encarnado pela caverna com suas sombras, a um regime da verdade. O filósofo *age* quando, apesar do perigo de morte, retorna à caverna a fim de convencer as pessoas da verdade. A ação, porém, antecede o conhecimento da verdade. Imediatamente após a narrativa da alegoria da caverna, Platão acrescenta: "quem quer agir racionalmente, seja em circunstâncias

---

190 PLATÃO. *República*. Trad. C.A. Nunes. Editora da UFPA, 2002, 517a.

próprias ou públicas", teria de, primeiramente, "enxergar a verdade". Platão ensina, portanto: A contemplação, como caminho para o conhecimento, para a verdade, precede a ação. A *vita activa* sem a *vita contemplativa* é cega.

Próximo do fim de *Vita activa*, Arendt constata que a absolutização do trabalho, a vitória do *animal laborans* na modernidade, está arruinando todas as outras capacidades humanas, sobretudo a ação. Arendt começa, então, inesperadamente a falar do pensamento, a que ela não deu nenhuma atenção ao longo de todo o *Vita activa*. O pensamento teria sido aquele que teria sofrido menos danos com o desenvolvimento moderno. De fato, o futuro do mundo não depende do pensamento, mas do poder daqueles humanos agentes. O pensamento, porém, não é irrelevante para o futuro humano, pois se considerássemos as diferentes atividades da *Vita activa* em relação à questão sobre qual delas seria a mais ativa e em qual delas a experiência do ser ativo se expressaria da maneira mais pura, então o resultado seria que o pensamento superaria todas as atividades no que diz respeito ao puro ser ativo. Nas últimas páginas de *Vita activa*, Arendt faz do pensamento, justamente, a mais ativa de todas as atividades humanas.

Arendt acredita poder fortalecer sua suposição com a fala de Catão: "Quem quer que tenha alguma experiência neste particular sabe o quanto eram verdadeiras as palavras de Catão: *numquam se plus agere quam nihil cum ageret, numquam minus solum esse quam cum solus esset* – 'Nunca ele está mais ativo do que quando nada faz, nunca está menos solitário do que quando a sós consigo mesmo'"[191]. Cícero se apoia justamente nesta fala de Catão em *De re reblica*, antes de começar o elogio da *vita contemplativa*. Ele encoraja o leitor a, longe do tumulto das massas, dedicar-se à vida contemplativa. Para Cícero, o pensamento faz parte da *vita contemplativa*. Assim, Arendt conclui seu livro *Vita activa* involuntariamente com um elogio da *vita contemplativa*.

A existência humana só se realiza na *vita composita*, a saber, na atuação conjunta da

---

191 ARENDT. *A condição humana*. Rio de Janeiro: Forense Universitária, 2007, p. 338 [tradução modificada].

vita activa e da *vita contemplativa*. Assim ensina Santo Gregório:

> Quando um bom programa de vida exige que se passe da vida ativa à contemplativa, é frequentemente útil que a alma retorne da vida contemplativa à ativa, de tal modo que a chama da contemplação desperta no coração entregue toda sua plenitude à atividade. Assim, a vida ativa deve nos levar à contemplação, mas a contemplação nos convoca de volta à atividade[192].

Permaneceu fechado até o fim para Arendt a ideia de que a perda da capacidade contemplativa leva à vitória do *animal laborans* que submete todas as atividades humanas ao trabalho – vitória por ela mesma criticada. Contrariamente à convicção de Arendt, o futuro da humanidade não depende do poder de pessoas que agem, mas da reativação da capacidade contemplativa: da capacidade que *não age*. A *vita activa* degenera em hiperatividade

---

192 Apud HAAS, A.M. Die Beurteilung der Vita contemplativa und activa in der Dominkaermystik des 14. Jahrhunderts. In: VICKERS, B. (ed.). *Arbeit Musse Meditation*. Zurique, 1985, p. 109-131; aqui, p. 113.

e termina não só no *burnout* da psique, mas também de todo o planeta, se ela não incorpora em si mesma a *vita contemplativa*.

A sociedade que vem

Pelo aniversário de 250 anos do nascimento de Novalis

> *Todo objeto amado é o centro de um paraíso.*
>
> *A rocha não se torna um verdadeiro Tu, Quando a ela me dirijo?*
>
> *Novalis*

A atual crise da religião não se pode deixar reduzir simplesmente a que perdemos a fé em Deus ou que nos tornamos desconfiados de certos dogmas. No âmbito mais profundo, a crise aponta para o fato de que perdemos cada vez mais a capacidade contemplativa. A coação crescente à produção e à comunicação dificulta o demorar contemplativo. A religião pressupõe uma forma especial de atenção. Malebranche caracteriza a atenção como a prece natural da alma. Hoje, a alma não mais *faz preces*. Sua *hiperatividade* pode ser responsabilizada pela perda da experiência religiosa. A crise da religião é uma crise da atenção.

A *vita activa*, com seu *pathos* da ação, bloqueia o acesso à religião. A ação não faz parte da experiência religiosa. Em *Sobre a religião*, Schleiermacher eleva a intuição contemplativa à essência da religião e a contrapõe à ação: "Sua essência não é nem pensar nem agir, mas intuição e sentimento. Ela quer intuir o universo, [...] ela quer escutá-lo devotamente, ela quer apreendê-lo em sua passividade infantil e ser plenificada por suas influências imediatas"[193]. O intuir em passividade infantil é uma forma de inatividade. Segundo Schleiermacher, a religião suspende "toda atividade em uma intuição admirada do infinito"[194]. Quem age tem um objetivo diante dos olhos e perde o todo de vista. E o pensar dirige sua atenção a apenas um objeto. Somente a intuição e o sentimento têm acesso ao universo, a saber, ao ente em sua totalidade.

---

193 SCHLEIEMACHER, F. *Über die Religion – Reden an die Gebildeten unter ihren Verächter*. Ed. G. Meckenstock. Berlim/Nova York, 2001, p. 79.

194 Ibid., p. 68.

O ateísmo não exclui a religião. Para Schleiermacher, a religião também é concebível inteiramente sem um Deus: "Ter religião significa intuir o universo [...]. Se não podeis negar que a ideia de Deus é compatível com qualquer intuição do universo, então também deveis conceder que uma religião sem Deus pode ser melhor do que uma outra com Deus"[195]. Não Deus, mas a demanda pelo infinito é o essencial para a religião – demanda que se preenche na intuição do universo.

Escutar é o verbo para a religião, enquanto agir é o verbo para a história. No escutar como inatividade, silencia-se o Eu que é o lugar para decisões e delimitações. O Eu que escuta *se* mergulha no todo, no ilimitado, no infinito. Aquelas belas linhas do *Hyperion*, de Hölderlin, expressam poeticamente o que Schleiermacher quer dizer por religião como intuição do universo:

> Todo meu ser se silencia e escuta quando as ondas tenras do ar se jogam em meu peito. Perdido no imenso azul, levanto os olhos fre-

---

195 Ibid., p. 112.

> quentemente para o éter e os inclino para o mar sagrado [...]. Ser um com Tudo, isso é a vida da divindade, esse é o céu do ser humano. Ser um com Tudo que vive, regressar ao sagrado autoesquecimento no Todo da natureza, esse é o ápice dos pensamentos e alegrias, esse é o cume sagrado da montanha, o lugar do repouso eterno[196].

Quem se entrega à escuta, perde-*se* no "todo da natureza". Quem, em contrapartida, *produz-se*, põe-*se* à vista, é incapaz de escutar, de contemplar em uma passividade infantil. Na era da autoprodução permanente e narcisista e da autoencenação, a religião perde seu fundamento, pois a ausência de si é constitutiva da experiência religiosa. A autoprodução é mais danosa à religião do que o ateísmo. Quem *se* entrega à morte toma parte do infinito. Assim escreve Schleiermacher: "Tentai por amor entregar vossas vidas ao universo. Esforçai-vos por aniquilar sua individualidade e viver no Uno e no Todo, esforçai-vos por

---

196 HÖLDERLIN, F. *Hyperion oder der Eremit in Griechenlan*. Stuttgart, 2013, p. 9.

ser mais do que vós próprios [...]. Em meio à finitude, tornar-se Um com o infinito e ser eterno em um instante, essa é a imortalidade da religião"[197].

O romantismo envolve a natureza com um brilho divino. Em seu ser numinoso, a natureza se eleva para além de qualquer apreensão humana. Já cometemos uma violência com a natureza quando a consideramos como meio para finalidades humanas; isto é, como recurso. A compreensão da natureza do romantismo tem o potencial de revisar nossa relação instrumental com a natureza – relação esta que leva inevitavelmente a catástrofes. O romantismo se esforça por uma reconciliação entre ser humano e natureza. Em um prefácio ao *Hyperion*, Hölderlin escreve: "Terminar aquela disputa eterna entre nosso si e o mundo, a maior paz de todas, que é maior que toda razão, restaurá-la, unificar-nos com a natureza em um todo infinito, esse é o objetivo de todo nosso esforço"[198].

---

197 SCHLEIERMACHER. *Über die Religion*. Op. cit., p. 114.

198 HÖLDERLIN, F. *Sämtliche Werke*. Vol III. Ed. F. Beissner, Stuttgart, 1958, p. 236.

Hölderin chama aquela unificação com a natureza de "Ser" [*Seyn*]: "Não teríamos nenhuma ideia daquela paz infinita, daquele Ser em um sentido único da palavra, não nos esforçaríamos para nos unificar com a natureza"[199].

Em oposição ao "Ser", a ação vê "em todo o universo apenas o humano como centro de todas as relações, como condição de todo ser e causa de todo vir-a-ser"[200]. A ação nunca chega ao "Ser", "onde todo conflito cessa, onde Tudo é Um"[201]. A ação traz consigo uma ausência de ser. Hölderlin torna o si, o sujeito da ação, responsável pelo conflito permanente, pela perda do "Ser": "A unicidade sagrada, o Ser, no sentido único da palavra, perdeu-se para nós [...]. Arrancamo-nos do *Hen kai Pan* [Totalidade única] do mundo a fim de produzi-lo pelo nosso si. Estamos separados da natureza, e aquilo que antes, como se pode crer, era Um, está agora em conflito"[202]. O "Ser" como *beleza*

---

199 Ibid.
200 SCHLEIERMACHER. *Über die Religion*. Op. cit., p. 79.
201 HÖLDERLIN. *Sämtliche Werke*. Op. cit. Vol. III, p. 236.
202 Ibid.

se deve à *synagogé*, à "reunião no Uno"[203]. Falta beleza ao mundo enquanto a reconciliação, a paz infinita, estiver ausente. Hölderlin anseia por aquele "reino" "onde reinará a beleza"[204].

No romantismo, a liberdade é desacoplada do si-mesmo. A liberdade não se manifesta como ênfase da ação, mas como passividade da intuição. A ação dá lugar ao *escutar*: "Somente a tendência à intuição, quando direcionada ao infinito, põe a mente em liberdade ilimitada"[205]. Ser livre significa se unir à infinitude da natureza e viver com as coisas da natureza como entre irmãos:

> Ó sol, ó seus aromas, clamei então, apenas com vós habita meu coração, como entre irmãos! Assim, entreguei-me mais e mais à sagrada natureza, e quase sem fim. Teria de bom grado me tornado criança para estar mais perto dela, teria de bom grado menos sabido e me tornado como o puro raio de luz, para estar mais perto dela![206]

---

203 HEIDEGGER, M. *Hölderlins Hymne "Andenken"*. Op. cit., p. 177.

204 HÖLDERLIN. *Sämtliche Werke*. Vol. III, p. 237.

205 SCHLEIERMACHER. *Über die Religion*. Op. cit., p. 80.

206 HÖLDERLIN. *Hyperion*. Op. cit., p. 177.

Deve-se nomear de religioso o instante em que a liberdade se converte em natureza: "A religião respira ali onde a própria liberdade já se tornou novamente natureza"[207]. A natureza abre os olhos do sujeito que se pensa livre e soberano e o torna apto a *contemplar*. Genuinamente romântico é o instante no qual o sujeito, diante da natureza, renuncia à sua soberania e irrompe em lágrimas. A natureza o permite se aperceber de sua naturalidade:

> Ao contrário do que gostaria Kant, o espírito diante da natureza se torna menos consciente de sua própria superioridade do que de sua própria naturalidade. Esse instante leva o sujeito ao pranto diante do sublime. A memória da natureza dissolve a obstinação de sua autoposição: "As lágrimas jorram, a Terra me tem novamente!" Nisso, o Eu sai, espiritualmente, da prisão em si mesmo[208].

As lágrimas interrompem o "feitiço que o sujeito coloca na natureza"[209]. Dissolvido em lágrimas, o sujeito se entrega à Terra.

---

207 SCHLEIERMACHER. *Über die Religion*. Op. cit., p. 86.

208 ADORNO, T.W. *Ästhetische Theorie – Gesammelte Schriften*. Vol. 7. Ed. R. Tiedemann. Frankfurt, 1970, p. 410.

209 Ibid.

O belo natural, no sentido romântico, não é algo que agrada imediatamente ao sujeito. O prazer [*Wohlgefallen*] não é nada mais do que o gosto [*Gefallen*] do sujeito consigo mesmo. A beleza natural só pode ser experimentada por meio da dor, pois ela estremece o sujeito que se põe a si mesmo como absoluto e o arranca de seu comprazimento consigo próprio [*Selbstgefälligkeit*]. A dor é o *rasgo no sujeito* por meio do qual *o Outro do sujeito* se anuncia: "A dor diante do belo, vivenciada de modo mais direto na experiência da natureza, é, igualmente, um anseio por aquilo que o belo promete"[210]. O belo natural tem um potencial utópico, na medida em que aponta para um outro estado de ser no qual o ser humano se reconcilia com a natureza.

A ideia de liberdade do primeiro romantismo representa um corretivo, ou um antídoto contra a liberdade individual atual. Essa ideia se baseia não no *Se*-querer ou na vontade de *Si*, mas no *ser-Com* ou no *querer-Com*: "O querer-Com […] é o abrir-se a e o deixar-se

---

210 Ibid., p. 114.

cair no Ser. O ser-Com é um dever, mas um dever que [...] se origina do *pertencimento aberto ao Ser* [*Seyn*] e que regressa *para este pertencimento*. Esse pertencimento, porém, é a essência mais íntima da liberdade"[211]. A liberdade como pertencimento faz jus à ideia originária de liberdade. A palavra "livre" significa, segundo sua etimologia, *estar entre amigos*. Tanto a palavra alemã para liberdade, "*Freiheit*", como também a palavra alemã para amigo, "*Freund*", remontam à raiz indo-germânica *fri*, que significa *amar*. *Liberdade é amabilidade*. Por isso, Hölderlin eleva a amabilidade, que suspende toda separação e isolação, a um princípio divino: "Enquanto persistir no coração a amabilidade – a pura, não sem fortuna – para com a divindade, o homem se mensura"[212].

---

[211] HEIDEGGER, M. *Hölderlins Hymne "Andenken"*. Op. cit., p. 41.

[212] KOTHE, F.R. Hoelderlin – In Lieblicher Bläue. *Revista Estética e Semiótica*, [S. l.], v. 1, n. 2, p. 75–77, 2011. DOI: 10.18830/issn2238-362X.v1.n2.2011.08. Disponível em: https://periodicos.unb.br/index.php/esteticaesemiotica/article/view/11843. Acesso em: 25 mar. 2023 [tradução modificada].

A natureza não é, para Novalis, um *Isso* sem vida, mas um *Tu* vivente. Ela só pode ser alcançada por *invocações*. Sua salvação depende de tirá-la de sua existência-*Isso*, que a coloca à mercê de uma exploração inescrupulosa, e de passar a se dirigir a ela como um *Tu*. Toda coisa se torna um *Tu* quando a *invocamos*. Os primeiros românticos são da opinião de que a natureza sente, pensa e fala. Para Schelling, ela é o espírito visível. O espírito humano é a natureza invisível. Sua linguagem consiste, todavia, em hieróglifos, que permanecem incompreensíveis para os seres humanos alienados da natureza. Quem, porém, dela se aproxima com amor e fantasia, desvela seus segredos.

A concepção romântica de natureza, que percebe até mesmo as coisas não vivas como animadas, fornece um corretivo eficaz para nossa compreensão instrumental da natureza. Ela impede de ver a natureza como recurso e submetê-la completamente aos fins humanos. Segundo Novalis, impera, entre o ser humano e a natureza, uma profunda simpatia. O olho que vê a fundo enxerga múltiplas correspondências entre o ser humano e a natureza.

Mesmo o pensamento não se distingue fundamentalmente da natureza. Novalis parte de uma analogia entre o jogo da reflexão e o da natureza. Também o corpo humano é um microcosmos que se espelha na natureza como macrocosmos. Entre o ser humano e a natureza há uma misteriosa analogia.

Aos primeiros românticos, a natureza aparece como um jogo. Ela é livre de finalidade e utilidade. A inatividade é seu traço essencial. A natureza é "como uma criança que brinca consigo mesma sem pensar em mais nada", "tão espontaneamente, com tanta tranquilidade de espírito"[213]. Também a verdadeira linguagem não é um meio para um fim, um meio de comunicação. Ela se relaciona consigo mesma e joga consigo mesma. Fala para falar. Na poesia, ela se liberta de qualquer utilidade. Ela não *trabalha*. Para Novalis, ela só manifesta seu esplendor fora do sentido e da compreensão:

> Não se entende a linguagem, pois a própria linguagem não se entende, não quer se entender; o

---

213 HÖLDERLIN. Hyperion. Op. cit., p. 104.

verdadeiro sânscrito falaria pela alegria de falar, pois sua essência é falar. [...] A Sagrada Escritura não precisa de nenhuma explicação. Quem fala verdadeiramente tem a plenitude da vida eterna, e sua escritura nos presenteia com uma maravilhosa união a mistérios autênticos, pois é um acorde da sinfonia do universo[214].

Os românticos não projetam simplesmente seus sentimentos, desejos e anseios subjetivos em uma natureza que seria, ela mesma, sem vida e sem alma. A natureza não é antropomorfizada ou subjetivada. Antes, ela tem, ela mesma, uma interioridade, um "ânimo" [*Gemüt*]. Apenas os poetas reconhecem a riqueza inesgotável de sua interioridade poética. Para Novalis, a natureza ultrapassa os humanos em sua fantasia. Ela é mais espirituosa e engenhosa do que o ser humano: "Apenas os poetas sentiram o que a natureza pode ser para os seres humanos [...]. Para eles, a natureza tem todas as alternâncias de uma mente infinita e, mais

---

214 NOVALIS. *Die Lehrlinge zu Sais*. In: KLUCKHOHN, P. & SAMUEL, R. *Schriften*. Vol. I. Stuttgart, 1960, p. 71-111; aqui, p. 79.

do que o ser humano mais engenhoso e cheio de vida, surpreende pelas suas viradas significativas e pelas suas ideias, pelos seus encontros e desvios, pelas suas grandes ideias e pelas suas raridades"[215]. A natureza é "o único poema da divindade, do qual também somos parte e fruto". Novalis percebe a natureza como uma artista. Ela tem um "instinto artístico". Novalis está convencido de que é um engano, uma "bobagem", querer distinguir entre natureza e arte[216].

O romantismo alemão é mais do que "solidão e a magia da floresta, a levada sussurrante do moinho", "o chamado do sereno e as fontes murmurantes, um palácio em ruínas com jardins abandonados, emaranhados e desmoronados no mármore", ou um retorno aos "costumes dos velhos tempos" ou mesmo a um "sentimento forte nacional", a uma "Alemanha com forças renovadas"[217]. O primeiro romantismo é uma ideia estético-política que carrega

---

215 Ibid., p. 99.

216 NOVALIS. *Schriften*. Op. cit. Vol. III, p. 650.

217 WALZEL, O. *Deutsche Romantik* – Vol. I: *Welt- und Kunstanschauung*. Leipzig, 1918, p. 1.

traços universais. Novalis defende um universalismo radical que busca por uma "família mundial" para além de nação e da identidade. Ele anseia pela reconciliação e harmonia, pela ideia de paz perpétua.

Sob perspectiva de Novalis, nada no mundo se encontra isolado. Todas as coisas fluem e deslizam umas nas outras. Tudo está entrecruzado com tudo. Novalis faz da poesia um *medium* da reunião, da reconciliação e do amor. A poesia libera uma *intensidade* que arranca as coisas de seu isolamento e as reúne em uma bela comunidade:

> A poesia eleva todo indivíduo por meio de uma conexão própria com o todo restante [...], a poesia constitui a bela sociedade – família mundial – a bela família [*Haushaltung*] do universo. [...] O indivíduo vive no todo e o todo no indivíduo. Por meio da poesia surge a simpatia e a coatividade supremas, a mais íntima *comunidade*[218].

Visa-se a *uma comunidade dos seres vivos*. O indivíduo é um "órgão do todo". O todo é

---

218 NOVALIS. *Schriften*. Op. cit., vol. II, p. 533.

um "órgão do indivíduo". O indivíduo e o todo se interpenetram. Novalis está convencido de que a separação e o isolamento levam, em última instância, ao adoecimento dos seres humanos. A poesia é uma arte da cura, uma "grande arte da construção da saúde transcendental". Assim, Novalis eleva os poetas à condição de "médico transcendental"[219].

A romantização do mundo devolve-lhe seu feitiço, sua magia, seu mistério, sua dignidade. Ela produz *intensidades*: "O mundo tem de ser romantizado. Assim é possível reencontrar o sentido originário. [...] Quando dou um sentido elevado ao comum, uma aparência misteriosa ao habitual, a dignidade do desconhecido ao conhecido, um brilho infinito ao finito, então eu romantizo o mundo"[220]. A romantização desvela o ânimo, o segredo *interior do mundo exterior*, do qual, porém, estamos alienados. Assim clama Novalis: "Tu excitastes em mim o nobre impulso, / de contemplar profundamente o ânimo do

---

219 Ibid., p. 535.

220 Ibid., p. 545.

vasto mundo"[221]. A romantização do mundo age como um enfeitiçamento. Como antídoto para a profanação do mundo, ela faz dele um *romance*, Novalis diria, um *conto*. A atual informatização e digitalização do mundo levam a profanação ao extremo. Tudo toma a forma de dados e se torna calculável. Informações não são narrativas, mas aditivas. Elas não se condensam em uma narrativa, em um romance. A técnica digital se baseia em um cálculo binário. Digital se diz, em francês, *numérique*; ou seja, numérico. O calcular é diametralmente oposto ao narrar. *Números não narram*. Eles habitam o *ponto zero do sentido*.

É um engano descartar o anseio romântico pela ligação com o todo, com a natureza, com o universo, como se fosse antiquado ou regressivo. Para Walter Benjamin, ele é fundamental para a humanidade. Ele sempre volta a brotar:

> O trato dos antigos com o cosmos se realizava de modo distinto: no sussurrar. [...] Isso, porém, quer dizer que o ser humano só pode

---

221 NOVALIS. *Schriften*. Op. cit., vol. I, p. 193.

> se comunicar com o cosmos sussurrando. A perigosa aberração dos modernos é considerar essa experiência insignificante, descartável, e reduzi-las a indivíduos que deliram em belas noites estreladas. Não, ela se renova continuamente[222].

Novalis defende um messianismo romântico. Ele enxerga em todo lugar indícios de um "tempo sagrado da paz perpétua", um "grande tempo de reconciliação", uma "era dourada", um "tempo profético, maravilhoso e curativo, consolador e incandescente de uma vida eterna"[223]. É certo que tudo são apenas "indícios desconexos e crus", mas eles revelam, no todo, "a íntima concepção de um novo messias"[224]. Esses indícios anunciam uma nova época, um novo modo de ver, uma forma de vida inteiramente diferente.

Em *A comunidade que vem*, Agamben menciona uma parábola do reino vindouro do messias que Walter Benjamin teria contado um dia para Ernst Bloch. Bloch a reproduz:

---

222 BENJAMIN. *Denkbilder*. Op. cit., p. 146s.
223 NOVALIS. *Schriften*. Op. cit. Vol. III, p. 519.
224 Ibid.

> Um rabino, um verdadeiro cabalista, disse uma vez: para instaurar o reino da paz, não é necessário destruir tudo e dar início a um mundo completamente novo; basta deslocar só um pouquinho essa taça ou esse arbusto ou aquela pedra, e do mesmo modo todas as coisas. Mas esse pouquinho é tão difícil de realizar e a sua medida tão difícil de encontrar que, no que diz respeito ao mundo, os homens não o conseguem e é necessário que chegue o messias[225].

A interpretação de Benjamin enuncia:

> Há um provérbio hassídico sobre o mundo que está por vir que diz: tudo será disposto como aqui. Tal como nossa habitação é agora, do mesmo modo ela será no mundo que virá; onde nossa criança agora dorme, lá ela também dormirá no mundo vindouro. O que vestimos neste mundo, também vestiremos no mundo que vem. Tudo será como agora – apenas um pouco diferente[226].

---

225 AGAMBEN, G. *A comunidade que vem.* São Paulo: Editora Autêntica, 2013, cap. 13.

226 BENJAMIN. *Denkbilder*. Op. cit., p. 419.

No mundo que está por vir, tudo será como agora, não chegará nada novo, apenas um pouco diferente. Permanece obscuro o que esse "pouco diferente" deve significar. Poderia ser que as coisas no mundo por vir se relacionariam umas com as outras de modo inteiramente diferente, que adentrariam em uma nova relação?

Um fragmento de Novalis pode ser lido como aquela parábola do rabino cabalista: "No mundo *futuro*, tudo é como no mundo *de outrora* – e, todavia, *inteiramente diferente*"[227]. O mundo futuro será, no que concerne às circunstâncias reais, inteiramente idêntico ao mundo de outrora. Nada de novo será acrescido ou removido. Todavia, tudo será *inteiramente diferente* no mundo que virá. Diferentemente do rabino cabalístico, Novalis indica como o mundo futuro poderia parecer. No mesmo fragmento, Novalis fala, curiosamente, do "caos *racional*". Uma confusão, mas uma confusão racional, caracterizaria o mundo futuro. Nele, as coisas se tocam e se interpe-

---

227 NOVALIS. *Schriften*. Op. cit. Vol. III, p. 281.

netram. Nada é isolado por si. Nada permanece em si. Nada se afirma. Nenhuma fronteira rígida separa as coisas umas das outras. Elas se abrem umas às outras. Poderíamos também dizer: elas se tornam *amáveis* umas com as outras. Seu *sorriso amável* afrouxa as garras da identidade. Elas fluem umas nas outras e se misturam. O mundo irradia em uma *confusão amável*, no "caos *racional*".

A *sociedade que vem* de Novalis se baseia em um *ethos da amabilidade*, que desfaz isolamentos, tensões e alienações. Ela é um tempo da reconciliação e da paz. Em *Os discípulos em Saïs*, Novalis escreve:

> Ele logo notou as conexões em tudo, os encontros, reuniões. Agora não via mais nada sozinho. – As percepções de seus sentidos se aglomeravam em grandes imagens coloridas: ele ouvia, via, tocava e pensava ao mesmo tempo. Ele se alegrava de reunir estranhos. Ora as estrelas eram pessoas, ora as pessoas eram estrelas, as pedras eram animais, as nuvens, plantas[228].

---

228 NOVALIS. *Die Lehrlinge zu Sais*. Op. cit., p. 80.

No reino vindouro da paz, o ser humano e a natureza se reconciliam. O ser humano não é senão um *concidadão* em uma *república dos seres vivos*, da qual também fazem parte plantas, animais, pedras, nuvens e estrelas.

Para ver os livros de
BYUNG-CHUL HAN
publicados pela Vozes, acesse:

livrariavozes.com.br/autores/byung-chul-han

ou use o QR CODE

Conecte-se conosco:

f facebook.com/editoravozes

◉ @editoravozes

𝕏 @editora_vozes

▶ youtube.com/editoravozes

☎ +55 24 2233-9033

www.vozes.com.br

Conheça nossas lojas:

www.livrariavozes.com.br

Belo Horizonte – Brasília – Campinas – Cuiabá – Curitiba
Fortaleza – Juiz de Fora – Petrópolis – Recife – São Paulo

  Vozes de Bolso

EDITORA VOZES LTDA.
Rua Frei Luís, 100 – Centro – Cep 25689-900 – Petrópolis, RJ
Tel.: (24) 2233-9000 – E-mail: vendas@vozes.com.br